LES CRISTAUX DU CHAMAN

• MAIA TOLL •

LES CRISTAUX DU CHAMAN

À la découverte du pouvoir des pierres et des cristaux

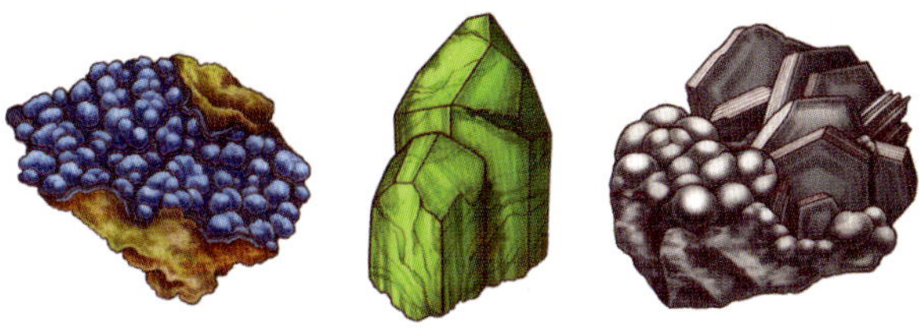

Illustrations de Kate O'Hara

Traduit de l'anglais (États-Unis) par Marie-Noëlle Pichard

LAROUSSE

Première publication aux États-Unis en 2020 sous le titre :
The Illustrated Crystallary:
Guidance and Rituals from 36 Magical Gems & Minerals

Par Storey Publishing
210 MASS MoCa Way
North Adams, MA 01247
USA

Edited by Liz Bevilacqua
Art direction and book design by Jessica Armstrong
Text production by Erin Dawson
Author photo by © Emily Nichols Photography

Direction de la publication : Isabelle Jeuge-Maynart et Ghislaine Stora
Direction éditoriale : Émilie Franc
Responsable éditoriale : Nathalie Cornellana
Lecture-corrections : Laurence Alvado
Couverture : Géraldine Lamy et Julie Znamiec
Mise en page : Sophie Compagne
Fabrication : Émilie Latour

ISBN : 978-2-03-600329-3

Imprimé par TOPPAN LEEFUNG PRINTING. RPC
Dépôt légal : mai 2021
327616 /03 - 11050659-Octobre 2022

Aux pierres qui semblent muettes,
mais qui, en silence, chantent vraiment.

Et à mes parents, qui m'ont prodigué
leur amour pour apprendre comment briller.

SOMMAIRE

« Une feuille, une goutte, un cristal,
un moment de temps sont liés au tout
et participent à la perfection du tout.
Chaque particule est un microcosme qui
reproduit fidèlement l'apparence du monde. »

RALPH WALDO EMERSON,
La Nature

Préface

Le parking n'avait rien de remarquable, un simple emplacement coincé dans un dédale typiquement irlandais de haies, murets et enclos à vaches. Chaque fois que nous allions voir ce cercle de pierres particulier, je me demandais si je serais capable de le retrouver si je venais seule. Je sentais que la présence de mon mentor était la clé de cette magie qui s'infiltrait sous ma peau dès que j'ouvrais la portière de la voiture et commençait à marcher dans le chemin creux bordé d'aubépines. Les vaches étaient passées là avant nous, laissant le sol légèrement retourné.

Prenant garde à ne pas tomber, nous avancions vers le côté est du cercle, nous arrêtant juste au bord pour laisser le calme du lieu imprégner tout notre être. Nous restions muettes, nous extrayant volontairement de nos vies quotidiennes pour pénétrer dans un site néolithique intemporel. Cette pause, cette respiration marquaient le début de notre salutation rituelle. Ensuite, nous faisions le tour du cercle de pierres dans le sens des aiguilles d'une montre, laissant errer nos doigts à la surface du granit comme pour dire : « Réveillez-vous, nous sommes venues vous rendre visite. » Une fois ces politesses faites, mon mentor et moi partions chacune de notre côté, communiant avec les arbres et les roches jusqu'à ce que le soleil décline dans le ciel ou qu'une averse nous ramène à la voiture.

Durant ces longs après-midi, je cherchais une pierre baignée de soleil et m'y allongeais pour me laisser pénétrer par sa chaleur. Étendue là, je partais dans d'étranges rêveries, soliloquant sur le mouvement des étoiles ou discutant de la nature du temps. M'éveillant quand des ombres passaient sur mon visage, j'écrivais tout pour une future contemplation.

Revenant sur ces notes plus tard, je me demandais comment mes pensées avaient pu m'entraîner dans des galaxies et me faire traverser des portails que la physique quantique commençait seulement à découvrir. L'étoffe de ces rêveries me semblait différente de la manière dont je voyais habituellement le monde, ces pensées résonnaient bien plus que celles du quotidien. J'avais l'impression que ces pierres dressées rêvaient à travers moi ou qu'elles guidaient mes visions, et j'ai commencé à voir les pierres (et les roches et les cristaux) différemment. Je me suis mise à y penser comme à des maîtres dont les chuchotements devenaient plus audibles dans le calme. Cette découverte m'a libérée de mon besoin d'un mentor, je me suis mise à chercher mes enseignements dans le monde naturel autour de moi.

Les pierres se trouvent facilement. Scrutez le sol quand vous vous promenez, ramassez des cailloux dans le lit d'une rivière ou allez dans un magasin de minéraux et achetez un cristal qui vous paraît briller juste un peu plus que les autres. C'est le commencement… et c'est aussi la fin si vous posez votre pierre sur une étagère et que vous l'oubliez là. En revanche, si vous considérez ce moment comme le début d'une nouvelle relation, si vous écoutez, pas seulement avec vos oreilles, mais avec tout votre être, un savoir d'un genre différent commencera à se développer en vous.

En vous souhaitant une profonde connexion au monde des cristaux.

Maia

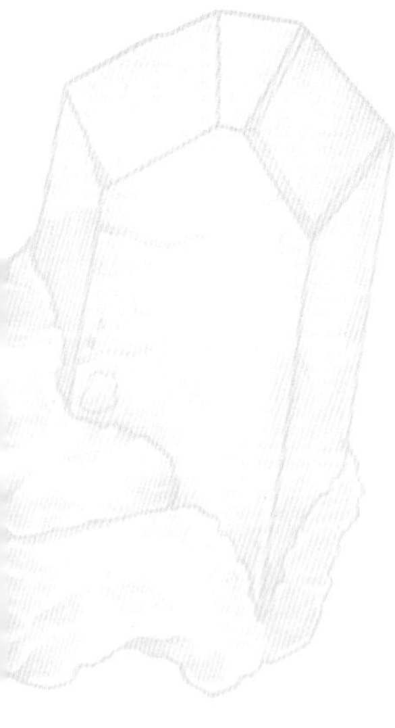

Introduction

Comme presque tous ceux qui s'embarquent dans la traversée d'un pays en voiture, je partais avec un lourd bagage émotionnel. J'avais volontairement laissé quelqu'un derrière moi, quelqu'un de marié qui flirtait et promettait beaucoup, mais restait toujours avec elle. Durant ces semaines sur la route, je me suis dépouillée couche après couche des blessures et des trahisons. Lors d'un après-midi particulièrement aride, j'ai tout à coup su que le pire était passé : il était temps d'en finir et d'avancer.

À Santa Fe, j'achetai une pierre polie, une obsidienne flocon de neige. Sa brillante surface noire saupoudrée de flocons blancs avait inexplicablement attiré mon regard. En conduisant vers le nord, vers la frontière du Nouveau-Mexique, je faisais rouler la pierre entre mes doigts, goûtant sa fraîcheur et sa douceur. La route s'étendait paresseusement devant moi, dans la chaleur de l'été. J'allais à mon rythme, sans but précis, et pourtant, je n'arrivais pas à me détendre. Ma respiration, je le remarquais, devenait plus difficile. Au fil des kilomètres, je respirais de plus en plus fort, comme si quelque chose cherchait à sortir de moi, poussant vers le haut à chaque expiration. L'obsidienne flocon de neige semblait coller à ma paume et j'avais la sensation bizarre qu'elle me respirait, qu'elle aspirait les dernières blessures de mon être pour les relâcher dans l'azur du ciel.

De tels moments ressemblent à un rêve éveillé. Les mots nous manquent pour décrire ces mystères, et les histoires de ce genre peuvent paraître absurdes ou leur signification se volatiliser en les racontant. Aussi, quand j'ai découvert qu'une branche de la médecine traditionnelle chinoise concernait les minéraux (comme ce morceau d'obsidienne flocon de neige), j'ai été intriguée. Cet enseignement pouvait peut-être m'apprendre à voir les pierres et les cristaux autrement que comme de jolis cailloux brillants. Il y avait sans doute une certaine logique à considérer les cristaux comme des « médicaments » capables de guérir le corps et l'esprit au même titre que les plantes et les animaux.

DES PIERRES QUI NOURRISSENT

Aujourd'hui, nous pouvons entrer dans une pharmacie pour acheter des flacons de vitamines et sels minéraux, raffinés en laboratoire et encapsulés pour plus de commodité. Cela n'a pas toujours été le cas. Les guérisseurs traditionnels savaient que le corps humain avait besoin de ces nutriments, mais ceux-ci ne se présentaient pas sous forme de gélules ; ils devaient les extraire bruts de la terre. Nous consommions ces éléments indirectement, en mangeant des végétaux et des animaux : les minéraux présents dans le sol nourrissant les végétaux que mangent ensuite les animaux (dont nous faisons partie). Les guérisseurs du passé décidèrent de voir s'il était possible de passer l'étape de l'assimilation des minéraux par les végétaux pour utiliser directement les pierres et les cristaux. En Asie, la connaissance des pierres s'est vite ajoutée à celle des plantes médicinales dans la pharmacopée. Les minéraux nourrissant les plantes, les pierres furent, de ce fait, considérées comme premiers remèdes.

Quelques principes aident à mieux comprendre le chant fascinant des pierres et comment il résonne dans nos cœurs.

- **Les minéraux se forment à différentes profondeurs dans la terre,** certains dans le manteau, près de la surface, d'autres plus bas, dans le noyau. Plus la pierre vient des profondeurs, plus elle agit sur le corps et l'esprit. Selon ce principe, les plantes, qui poussent à la surface du sol, étaient principalement utilisées pour soigner les affections superficielles, alors que les pierres étaient employées pour des cas plus graves.

- **Pierres et cristaux sont classés selon leur dureté.** C'est ce qu'on appelle « l'échelle de Mohs. » Les pierres tendres agissent vite. Les plus dures traitent lentement et s'utilisent pour des maladies plus résistantes.

- **Les cristaux croissent et changent comme les humains.** Autrefois, le taoïsme enseignait que les jaspes et les agates, qui présentent des bandes de couleurs différentes, aidaient à se réaliser, et qu'une fois le processus arrivé à son terme, ils se transformaient en jades monochromes (le jade est considéré comme une pierre d'épanouissement personnel). On comprend mieux les cristaux quand on réalise qu'ils grandissent et se modifient. Leur surface révèle les blessures, et leur forme, les obstacles physiques rencontrés au cours de leur formation.

- **Les divers composants chimiques d'un cristal** (comme le cuivre ou le magnésium) sont autant de nutriments pour notre organisme. Le soufre, par exemple, qui aide à la détoxification, est aussi nécessaire au fonctionnement du foie et des reins. Le lithium est un calmant du système nerveux et soutient les fonctions cérébrales.

- **Dans de nombreuses médecines traditionnelles, chaque organe du corps est associé à des états émotionnels et spirituels.** Ainsi, quand on connaît les micronutriments contenus dans une pierre et leurs actions sur les organes et systèmes du corps, on peut en déduire leurs effets au plan émotionnel et spirituel.

LE CHANT DES PIERRES

Mais comment les anciens faisaient-ils, sans microscope ni spectromètre, pour savoir quels micronutriments se trouvaient dans un cristal ? La couleur est la clé pour comprendre leur composition chimique. La plupart des pierres considérées comme importantes pour le cœur ou le sang ont une teinte rougeâtre. Cette coloration est souvent due à la présence de fer, qui est un constituant essentiel de l'hémoglobine. Mais toutes les pierres rouges ne contiennent pas du fer et certaines sont même toxiques : ce principe est donc un simple point de départ, il n'a rien d'absolu.

Quand on associe les savoirs traditionnels aux propriétés des cristaux découvertes par la science moderne (les ingénieurs les utilisent pour tout, des téléphones portables au sonar en passant par les LED ; on en sait donc beaucoup sur eux), on s'aperçoit vite qu'ils sont bien plus que de simples cailloux brillants. Notre cœur est sensible au chant des pierres, mais il faut des connaissances avancées en chimie, physique et électronique pour que notre cerveau comprenne ce que nous dit notre intuition.

Ce livre associe le savoir scientifique moderne, le mysticisme et les traditions anciennes, la médecine des pierres taoïste (une branche de la médecine traditionnelle chinoise) et le chant des pierres. Pour approfondir votre exploration, reportez-vous à Sources et Ressources page 165.

COMMENT UTILISER CE LIVRE

Cet ouvrage est une initiation à la médecine des pierres, il vous permettra de commencer à percevoir leurs harmonies. Quelles que soient les métaphores utilisées pour comprendre leur langage, vous reconnaîtrez rapidement la vibration de vos cristaux dans ces pages.

Servez-vous de ce livre pour vous inspirer et confirmer ce que vous savez déjà. Chaque entrée comprend un rituel et une réflexion pour vous aider à vous connecter plus profondément à l'énergie d'une pierre particulière, en ouvrant votre esprit à son chant. Vous pouvez tirer une carte du jeu afin qu'elle vous guide pendant la journée, ouvrir le livre au hasard et voir quel cristal veut vous parler ou le lire de bout en bout pour vous familiariser avec tous ceux décrits.

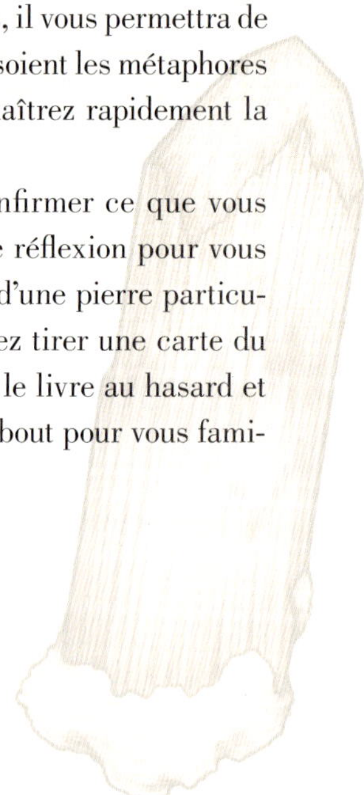

ÉCRITURE LIBRE

Si vous désirez vous connecter plus profondément à une pierre particulière, essayez l'écriture libre. Vous aurez besoin d'un stylo, de papier et d'un minuteur.

Programmez une durée de 10 minutes.
Tirez une carte du jeu des cristaux et demandez :
« *Quel message avez-vous pour moi ?* »
Écrivez sans vous arrêter jusqu'à ce que le temps soit écoulé !

Ce processus doit vous aider à court-circuiter votre esprit conscient pour accéder à votre intuition. On écrit souvent n'importe quoi pendant les premières minutes, il s'agit d'entrer dans le processus. Continuez ! L'inspiration arrive fréquemment vers la fin, quand l'esprit conscient baisse la garde.

RÊVER, VOYAGER OU MÉDITER

Invitez une pierre dans vos rêves, voyages psychiques ou méditations. Avant d'entamer un voyage ou une méditation, ou avant de glisser dans le sommeil, demandez consciemment à un cristal de vous accompagner. Utilisez une vraie pierre ou une carte du jeu pour vous concentrer sur votre intention et guider votre esprit.

TENEZ COMPTE DE LA DURETÉ

À la différence des végétaux et des animaux, il n'existe pas de nomenclature scientifique pour les minéraux. Aussi, dans ces pages, au lieu d'un nom latin sous le nom vernaculaire de la pierre est indiquée sa dureté sur l'échelle de Mohs. Souvenez-vous : *les cristaux les plus durs mettent plus longtemps à agir et s'emploient pour les problèmes les plus persistants.* L'échelle de Mohs va de 1 pour les pierres les plus tendres (comme le talc) à 10 pour les plus dures (comme le diamant). Plus le chiffre est élevé, plus vous devrez travailler avec la pierre !

Voici les familles de pierres figurant dans ce livre avec quelques exemples de cristaux. Quand vous en découvrez de nouveaux, déterminez leur famille pour mieux comprendre leur mode d'action et leurs similitudes.

BÉRYL
Émeraude
Morganite

CORINDON
Hématite
Rubis

FLUORITE
Fluorite verte

MICA
Lépidolite

QUARTZ
Améthyste
Citrine
Cornaline
Quartz clair
Quartz élestial
Quartz fumé
Quartz paysage
Quartz rose

TOPAZE
Topaze bleue
Topaze impériale

TOURMALINE
Tourmaline noire

Cristaux, minéraux ou gemmes

Un cristal a une structure atomique ordonnée et répétitive. S'il se forme dans un espace libre sans rencontrer d'obstacles, du fait de son organisation interne, il présentera une forme géométrique régulière comme le cube ou le tétraèdre. En revanche, s'il se développe dans un espace confiné, son aspect extérieur ne sera pas parfait, mais sa structure atomique sera toujours ordonnée et répétitive.

Il existe aussi des cristaux organiques, qui sont les produits d'une plante ou d'un animal. Le sucre est l'exemple le plus commun. Sa structure interne est ordonnée, cristalline, c'est donc un cristal, mais comme il provient d'une plante et non d'une roche, ce n'est pas un minéral. Perle, corail, ambre ou ivoire sont d'autres exemples de cristaux organiques du règne végétal ou animal.

Un minéral a une structure cristalline, mais il est constitué de matière inorganique. Le sel, les flocons de neige ou le granit du plan de travail de la cuisine sont des exemples familiers. Mais tout ce qui provient de la terre n'est pas cristal ! Certaines pierres magnifiques, telles l'opale, l'obsidienne ou la moldavite, ne sont pas vraiment des cristaux.

Les « gemmes » désignent l'ensemble des pierres qu'on considère comme précieuses, qui peuvent être ou non des cristaux.

Les CRISTAUX

Il y a des mondes en vous

QUARTZ PAYSAGE

Échelle de Mohs : 7

« Entrez, chuchote le quartz paysage, vous êtes le bienvenu ici. » Souvent, nous nous tournons vers l'extérieur, cherchant à comprendre le monde autour de nous, alors que nous négligeons les mondes qui sont en nous. Le quartz paysage vous invite à vous rappeler que chaque organe de votre corps est une constellation, chaque cellule une étoile. Chaque émotion est une plante couverte de fleurs, et chaque mouvement, chaque action, résulte d'une quantité de muscles répondant à votre volonté. Tournez votre conscience vers l'intérieur pour découvrir les merveilles de votre univers. Explorez vos propres strates, vos années accumulées avec leurs perfections et leurs imperfections. Vos paysages intérieurs n'attendent qu'un regard de vous pour se révéler. Le quartz paysage vous assure qu'il y a des mondes en vous. Découvrez-les.

Rituel

REMERCIEZ-VOUS

Que se passerait-il si, comme dans ce quartz, votre paysage intérieur était visible et que vous pouviez admirer les mondes merveilleux présents juste sous votre peau ? Avec votre œil intérieur, c'est possible !

- Allongez-vous confortablement dans un endroit calme.
- Commencez par vous concentrer sur vos orteils. Sentez les muscles, les tendons, les os et ce que vous ne savez même pas nommer.
- Tout en dirigeant votre attention vers le haut du corps, remerciez chaque partie de ce corps qui soutient tout votre être. Remerciez vos cellules nerveuses pour leurs capacités à communiquer et vos globules blancs pour les batailles qu'ils mènent afin de protéger votre santé. Remerciez vos genoux pour leur souplesse et vos bras pour leur force. Portez votre attention sur tout votre corps.

Sentez, remarquez, remerciez.

Réflexion

LA BEAUTÉ DE L'IMPERFECTION

À l'intérieur de chacun de nous, la vie accumule ses strates année après année. Comme une ville ancienne, nous sommes bâtis sur nos propres ruines. Tout est gardé, se dépose à l'intérieur et, avec le temps, s'intègre à notre histoire, façonnant notre paysage intérieur.

Des particules de feldspath, de chlorite, de fer et d'autres minéraux sont incluses dans ce quartz. Elles créent ces paysages uniques au sein du cristal. Sans elles, le quartz paysage serait juste du quartz.

« L'imperfection inspire invention, imagination, créativité. Elle est stimulante. Plus je me sens imparfaite, plus je me sens vivante. »

Jhumpa Lahiri, *En d'autres mots*

Il y a aussi des mondes en vous à différents niveaux : empreintes de vos émotions, énergies de votre champ magnétique, successions de pensées ou colonies de microbes dans vos intestins.

Considérez-vous ces mondes intérieurs comme parfaits ou imparfaits ?

Comment ces superpositions du moi forment-elles votre histoire et ce que vous êtes ?

Activez le vide

AZURITE

Échelle de Mohs : 3,5 – 4

Chaque inspiration crée un espace en vous, une promesse de calme. L'azurite joue sur l'énergie de la plénitude du vide. Ce n'est pas le contenant, mais l'espace contenu. Ce ne sont pas les parois de l'utérus, mais le vide à l'intérieur. Ce vide est le plus précieux des dons parce que, à la croisée du temps et de l'espace, votre intuition peut s'y déployer. Une fois qu'un espace est créé, l'énergie bloquée commence à circuler, elle s'y engouffre, faisant de la place pour quelque chose de plus audacieux ou de plus subtil que la vie de tous les jours. L'azurite vous retient quand vous contemplez ce vide pour que vous puissiez sentir la richesse de l'océan des possibles. Respirez dans le bleu et laissez la plénitude du vide élever votre esprit.

Rituel

LE PLEIN DE VIDE

Pour la médecine ayurvédique, l'air qu'on respire est le second élément. Il apparaît quand le premier, l'éther (l'espace), qui possède le potentiel, est activé. Ainsi, chaque inspiration crée un espace en vous pour contenir cette énergie du vide.

Comme l'azurite, ce rituel (une version simplifiée de la respiration yogique traditionnelle appelée « respiration alternée ») vous révèle la beauté paradoxale d'être à la fois vide et plein.

- Avec l'index, fermez la narine gauche et inspirez profondément par celle de droite.
- Avec le pouce, fermez la narine droite, retenez votre respiration. Pause.
- Libérez la narine gauche, expirez.
- Inspirez par la narine gauche avant de la refermer avec votre index.
- Pause avant de relâcher votre pouce et d'expirer.
- Répétez plusieurs fois.

À quel moment de cette respiration vous sentez-vous vide ?
À quel moment êtes-vous plein ?

Réflexion

QU'EST-CE QUI VOUS FAIT VOUS SENTIR LIBRE ?

Nous accumulons souvent des choses… et vivons ensuite dans la crainte de les perdre.

Nous oublions que le vide contient du possible.

Imaginez la vie dans un camping-car ou sur un bateau. Vous aurez quelques vêtements de rechange, un peu de provisions, une bouilloire et une poêle, quatre assiettes, deux tasses, un couchage et une ou deux serviettes. Vous aurez peut-être quelques livres et un jeu de société, mais guère plus.

Maintenant, imaginez la vie dans une maison ou un appartement, avec des meubles, des placards pleins de vêtements, des souvenirs de famille sur les étagères et des tableaux au mur.

Si vous habitez dans une maison, vivez comme sur un voilier. Avoir moins de choses vous permettrait-il de partir à l'aventure ? Si vous êtes dans un camping-car ou sur un bateau, voyez-le comme une maison où vous seriez ancré, connecté à la terre.

Où vous sentez-vous le plus libre aujourd'hui ? Vous pouvez changer d'état d'esprit demain ou vous sentir différent d'hier.

Illuminez votre nuit

LABRADORITE

Échelle de Mohs : 6 – 6,5

Il est parfois impossible de donner du sens à l'existence. La vie semble alors se traîner péniblement entre travail, supermarché et bureau où s'empilent les factures. Dans ces moments-là, quand magie et mysticisme vous fuient, faites appel à la labradorite. Les Inuits racontent que cette pierre ordinaire s'est transformée sous les coups d'un puissant guerrier. Soudain, le cœur de la labradorite est apparu : à l'intérieur de la banalité dansait un feu. La lumière s'est élancée de la pierre vers le ciel pour devenir l'aurore boréale. La labradorite vous rappelle que vous êtes à la fois la pierre ordinaire et le puissant guerrier. De vos secrètes profondeurs, vous avez le pouvoir de libérer la flamme qui illumine le ciel nocturne.

Rituel

TROUVEZ VOTRE CARBURANT

Un mythe nordique nous apprend que l'aurore boréale relie au ciel. C'est un passage vers l'au-delà pour les défunts et, pour les chamans, un pont vers le monde des esprits. Cette connexion aux royaumes divins est l'essence de la labradorite.

Le feu a besoin d'un combustible, que ce soit du bois ou du gaz. Qu'est-ce qui alimente votre flamme ? Qu'est-ce qui vous anime, excite votre passion ? Si vous ne le savez pas, interrogez le feu durant sept nuits consécutives.

- La première nuit, allumez une bougie. La deuxième nuit, allumez-en deux. Trois la nuit d'après et ainsi de suite, jusqu'à la septième.
- En allumant chaque bougie, gardez ces questions dans votre cœur :

Qu'est-ce qui me nourrit ?
Qu'est-ce qui m'anime ?

- Écrivez ce qui vous vient dans ces instants, ainsi que vos rêves et heureuses coïncidences.

Réflexion

LE FEU INTÉRIEUR

Un gland renferme tout ce dont il a besoin pour devenir un chêne. Nous sommes à peu près pareils : tout notre devenir est inscrit en nous. Avec de la lumière, de l'eau et de l'espace, nous grandissons. Mais parfois, nous sommes bloqués. Comme un gland pris dans une toile d'araignée, incapable de tomber au sol, nous avons l'impression de ne pas pouvoir prendre racine. Nous ne voyons pas plus loin que nos préoccupations quotidiennes. Pourtant, le dessein premier est toujours là, comme le feu de la labradorite caché dans une pierre ordinaire.

Quand vous étiez jeune, aviez-vous un idéal de vie ?

Pouvez-vous retrouver ce souvenir ? Vous n'avez pas besoin de nommer cette vocation ou cet idéal, sentez-le simplement et imprégnez-vous de cette sensation d'avoir une mission dans la vie.

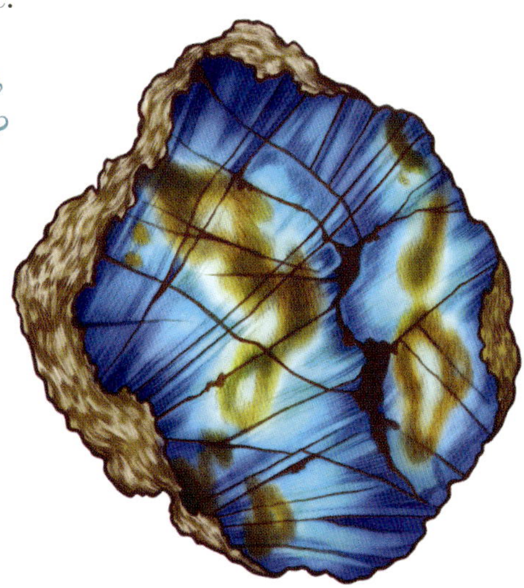

Que devenez-vous ?

AMBRE

Échelle de Mohs : 2 – 2,5

« Peu importe ce que vous étiez avant », assure l'ambre. « Ce qui compte, c'est ce que vous devenez. » L'ambre en est sûr, lui qui fut épaisse et collante résine de pin au parfum de forêt. La résine de conifère est antiseptique, et l'ambre conserve ces vertus protectrices. Il vous préserve sur le plan spirituel quand vous évoluez vers une nouvelle phase de votre vie. L'ambre, qui renferme parfois une feuille ou un insecte, demande : « Qu'emporterez-vous en vous transformant ? Qu'allez-vous inclure dans votre essence ? » C'est le lieu où tout converge. Quand l'ambre entre dans votre vie, faites une pause. Écoutez à la fois votre cœur et votre tête pour imaginer votre devenir.

Rituel

METTEZ TOUT À PLAT

Quand vous arrivez à un carrefour et devez décider quelle orientation donner à votre vie, faire une pause pour visualiser votre évolution peut aider. Comme le changement, cela peut se révéler parfois inconfortable ! Essayez l'un de ces moyens pour trouver votre voie en évacuant le passé.

- Faites l'inventaire de ce que vous êtes et de tout ce que vous possédez. En écrivant cette liste, tâchez de vous libérer mentalement de chaque chose à faire au fur et à mesure.
- Dans votre chambre, ôtez tous vos vêtements et bijoux. Chacun d'eux représentant un aspect de votre vie actuelle, retirez tout pour vous retrouver juste avec *vous*.
- Énumérez à voix haute des aspects de vous-même, tout en brûlant un morceau de papier ou un brin de laine symbolisant ce dont vous voulez vous débarrasser.

Après cette mise à plat, décidez de ce que vous souhaitez emporter dans la nouvelle phase de votre vie.

Quels sont les aspects de vous-même que vous désirez conserver précieusement ?

Réflexion

POLISSEZ LE PASSÉ

L'ambre n'oublie jamais qu'il provient d'un arbre. Il se souvient de l'immensité du ciel et du goût de la pluie, du soleil sur ses épines et du pépiement des oiseaux à l'aube. Tout cela est inscrit dans sa riche couleur de miel.

Si l'ambre vous parle, c'est l'occasion de vous souvenir de vos moi et de ce que la personne que vous êtes et que vous deviendrez leur doit.

Comment étiez-vous enfant ? Aimiez-vous chanter ou rire ? Ramassiez-vous des cailloux, des coquillages ou des glands ?

Interrogez-vous sur votre moi enfant et sur la personne que vous étiez au début de l'âge adulte.

En Chine, on croyait qu'à la mort d'un tigre, son esprit s'enfonçait sous la terre pour devenir de l'ambre. « Âme du tigre » est d'ailleurs le nom chinois de l'ambre.

Flux et reflux

PIERRE DE LUNE

Échelle de Mohs : 6 – 6,5

La lune gouverne les eaux, elle engendre les marées et, de son chant, rythme le flux de nos liquides corporels. La pierre de lune, associée à cet astre, renferme le mystère de l'eau. Elle nous apprend à nager dans nos profondeurs et à découvrir nos rythmes internes. Si vous vous sentez désorienté par des expériences ou des lieux nouveaux, ou si l'attrait de la modernité vous a éloigné des mystères de la nature, la pierre de lune vous guidera. C'est une pierre du voyage – de l'ombre vers la lumière, de l'intérieur vers l'extérieur, de l'hiver vers l'été – qui affirme doucement le caractère cyclique de toute chose. « En suivant le flot de la vie », vous promet-elle, « vous irez vers le renouveau. »

Rituel

VOS PHASES LUNAIRES

La lune gouverne l'eau et l'eau gouverne les émotions. Vos états émotionnels seraient-ils affectés par ses phases ? Voyons cela !

- Prenez un calendrier ou un agenda indiquant les phases de la lune. Vous pouvez aussi regarder sur Internet et les noter dans votre journal pour les trois mois à venir. Cela vous aidera à mieux comprendre les mouvements de notre satellite.
- Notez chaque jour vos émotions. Écrivez quelques mots, un paragraphe ou mettez au point un petit répertoire graphique (créez et dessinez vos propres émojis) pour indiquer rapidement votre humeur du jour.
- Observez ainsi vos humeurs et les phases lunaires pendant au moins trois mois.

Ensuite, voyez si vous trouvez des liens entre vos ressentis et les phases lunaires.

Réflexion

SOUPLESSE OU RIGIDITÉ ?

Une de mes amies a posé une feuille de saule sur son autel et placé une pierre de lune dessus pour la maintenir en place. Durant les mois suivants, elle s'est aperçue avec étonnement que la feuille s'enroulait et se déroulait autour de la pierre au rythme des phases de la lune. Elle a tenu un journal photographique des phases lunaires et du temps qu'il faisait, observant de près ce mystère.

Elle m'a demandé si je pensais que la pierre était à l'origine de ce phénomène ou si la feuille s'enroulait naturellement en fonction des phases de la lune. Je lui ai dit qu'à mon avis, c'était la connexion entre la pierre de lune et l'eau qui conservait sa souplesse à la feuille. Quelques mois plus tard, elle a voulu emporter la pierre avec elle en vacances. Elle a soigneusement déroulé la feuille de saule sur laquelle elle a posé un morceau d'ambre. La feuille s'est enroulée autour de l'ambre, est devenue cassante et n'a plus jamais bougé.

Dans votre vie, qu'est-ce qui vous donne un sentiment de souplesse et de fluidité ?

Qu'est-ce qui provoque sécheresse et rigidité ?

Accédez à la souveraineté

LAPIS-LAZULI

Échelle de Mohs : 5 – 6

Le lapis-lazuli rappelait aux rois, pharaons et empereurs que leur pouvoir dépendait des cieux et du temps. Cette pierre vous fera grandir et vous aidera à trouver votre voie, mais elle exige que vos actions soient à la hauteur. Le lapis vous rappelle que peu importe qui vous êtes, vous êtes responsable, de vous-même, de ceux qui vous entourent et de la terre. Votre souveraineté est d'ordre spirituel. Le lapis-lazuli sera votre sceptre et votre manteau, mais seulement si vous trouvez la force intérieure de vous élever à la hauteur de ce qu'il vous propose d'être.

Rituel

CHOISISSEZ VOTRE EMBLÈME

Pendant la Renaissance, le lapis-lazuli était broyé pour faire un pigment appelé « outremer ». Les artistes réservaient cette rare et précieuse couleur pour des occasions particulières, comme peindre la robe de la Vierge Marie. Ce bleu signalait que le personnage représenté était important…

Porter un emblème, une robe outremer ou un bracelet en lapis-lazuli, nous aide à nous rappeler notre souveraineté. C'est un signe, pas seulement pour le monde extérieur, mais aussi pour nous, de ce que nous voulons être. Comment symboliser votre souveraineté ?

- Prenez le temps de choisir votre emblème, qu'il s'agisse d'un collier, d'une étole, d'une veste en lin ou d'un blouson de motard, d'une paire de rangers ou d'escarpins vernis.
- Rangez-le dans un endroit spécial et, chaque fois que vous le portez, sentez-vous investi de son autorité !

Réflexion

ÉCOUTEZ VOTRE VOIX

Le lapis-lazuli vous invite à vous mettre profondément à l'écoute du monde qui vous entoure et à révéler les vérités que vous y découvrez. Ce n'est pas une pierre d'ego, mais plutôt un canal pour vos vérités intérieures. C'est parfois dur. Il y a tant de voix qui se disputent votre attention, tant de manières de voir les problèmes du monde.

Pour parler vrai, vous devez d'abord connaître la vérité.

Réfléchissez à la manière dont vous réagissez généralement aux situations. Votre comportement vous permet-il d'accéder à vos vérités les plus intimes et à vos valeurs profondes ? Vous permet-il de consulter votre moi supérieur ? Comment aimeriez-vous réagir et vous conduire à l'avenir ?

Vous êtes la base
HOWLITE

Échelle de Mohs : 2,5 – 3,5

Tendre n'est pas un adjectif généralement utilisé pour décrire une pierre, mais il convient parfaitement à la howlite. « Chuut », chuchote-t-elle à votre esprit. « Revenez vers le centre, asseyez-vous tranquillement. » La howlite ne vous demande pas de vous blottir dans votre lit avec une tasse de camomille et de baisser le rideau. C'est tout le contraire. Cette pierre sait que vos projets et vos entreprises, vos conversations et vos relations couleront de source si vous restez serein. Vous êtes le fondement. Partez de votre centre, sans vous laisser distraire, énerver ou irriter – c'est là que réside votre pouvoir. « Il y a en vous un lieu calme. Plongez-y », conseille la howlite.

Rituel

UN SOMMEIL DE RÊVE

Il est difficile de s'endormir quand l'esprit analyse la journée passée tout en listant les choses à faire pour le lendemain. Éteignez tous les écrans pour que votre esprit se détende et glisse dans la zone de calme de la howlite.

- Préparez-vous une tisane. Soyez présent à l'eau qui chauffe – l'eau et le feu sont deux des quatre éléments –, puis versez-la sur les feuilles ou les fleurs – qui symbolisent la terre. Sachez que vous créez un équilibre et que votre esprit – l'air – y participe.

- Faites le bilan de votre journée et listez vos besoins pour le lendemain.
- Dites-vous, en vous glissant dans le lit, que tout ce à quoi vous devez penser est couché sur le papier et que votre esprit peut s'apaiser dans le sommeil.

Réflexion

DÉSTABILISÉ ?

Imaginez un arbre, ses racines plongeant dans la terre, ses branches dressées vers le soleil. Le tronc est son centre. Quand les racines sont fortes, il est stable et solide.

En esprit, grimpez le long du tronc jusqu'à la première branche. Bien que grosse et robuste, elle se balance un peu. Maintenant, avancez jusqu'à une petite brindille. Sentez l'oscillation et la vibration. Sur cette extrémité, une simple brise peut vous déséquilibrer !

Si votre esprit était un arbre, vos pensées seraient-elles comme le tronc, les branches ou les brindilles ?

Quelle différence entre des pensées tronc et des pensées brindilles ?

« Quand nous créons la paix, l'harmonie et l'équilibre dans notre esprit, nous les trouvons dans notre vie. »

Louise L. Hay

Choisissez votre voie

ÉMERAUDE

Échelle de Mohs : 7,5 – 8

Imaginez l'émeraude comme une chatte grise vous fixant de ses yeux vert liquide. Son regard impassible luit tandis qu'elle s'enfonce dans la sombre forêt de votre être. Dans ce lieu, vous trouverez votre vérité la plus intime et votre amour le plus vrai. De là, vous apercevrez l'avenir… ou resterez enlisé dans le marécage de votre vie. L'émeraude vous entraîne dans les bois ; là, vous pourrez croître sur le sol fertile de votre passé ou dépérir, étouffé par votre propre toxicité. Dans l'ombre, elle vous regardera décider du chemin à suivre. Choisir la voie est, en soi, une initiation. Entamez votre voyage et l'émeraude deviendra un clair fanal, une brillante lumière et un véritable guide.

Rituel

AUTRES REGARDS

La médecine des pierres taoïste considère l'émeraude comme bénéfique pour les yeux, elle aide à voir vraiment. Quand vous avez besoin d'un regard lucide, il peut être utile d'observer le monde avec d'autres yeux. Pour cela, imaginez-vous dans la peau d'un (ou plusieurs !) de ces animaux :

- L'aigle, qui peut repérer un lapin dans l'herbe à plus de trois kilomètres et foncer dessus.
- Le tigre, qui chasse facilement dans le noir.
- Le caméléon, dont les yeux tournent indépendamment l'un de l'autre, ce qui lui permet de voir de plusieurs côtés en même temps.
- La crevette-mante, dont chacun des yeux pivote au bout d'un pédoncule rotatif et dont la perception du spectre lumineux est bien plus étendue que la nôtre.

En voyant le monde comme votre animal préféré, demandez-vous :

Quel est le sens profond de cette situation ?
Qu'est-ce que je ne vois pas en tant qu'humain ?

Réflexion

LA VIE EN VERT

Les femmes, de Cléopâtre à Halle Berry, ont toujours été fascinées par le somptueux éclat de l'émeraude. Dans la Rome antique, l'émeraude était associée à Vénus, déesse de l'amour. Pour les Incas et les Égyptiens, cette pierre sacrée offrait jeunesse éternelle et guérison. Hildegarde de Bingen écrivait que l'émeraude détenait le pouvoir de *viriditas*, un mot décrivant la croissance et le renouveau.

En revanche, les taoïstes recommandaient la prudence et n'utilisaient pas cette pierre puissante à la légère. Une apparente contradiction qui engage à méditer sur l'amour lui-même. La passion, pour un projet ou un être, est une grande force. Mais sans amour de soi, les passions peuvent être destructrices.

Y a-t-il eu, dans votre vie, des moments où un ardent désir pour un objet a capté votre énergie en vous laissant un sentiment de vide ?

« Tout le vert de la nature est concentré à l'intérieur de l'émeraude. »

Hildegarde de Bingen

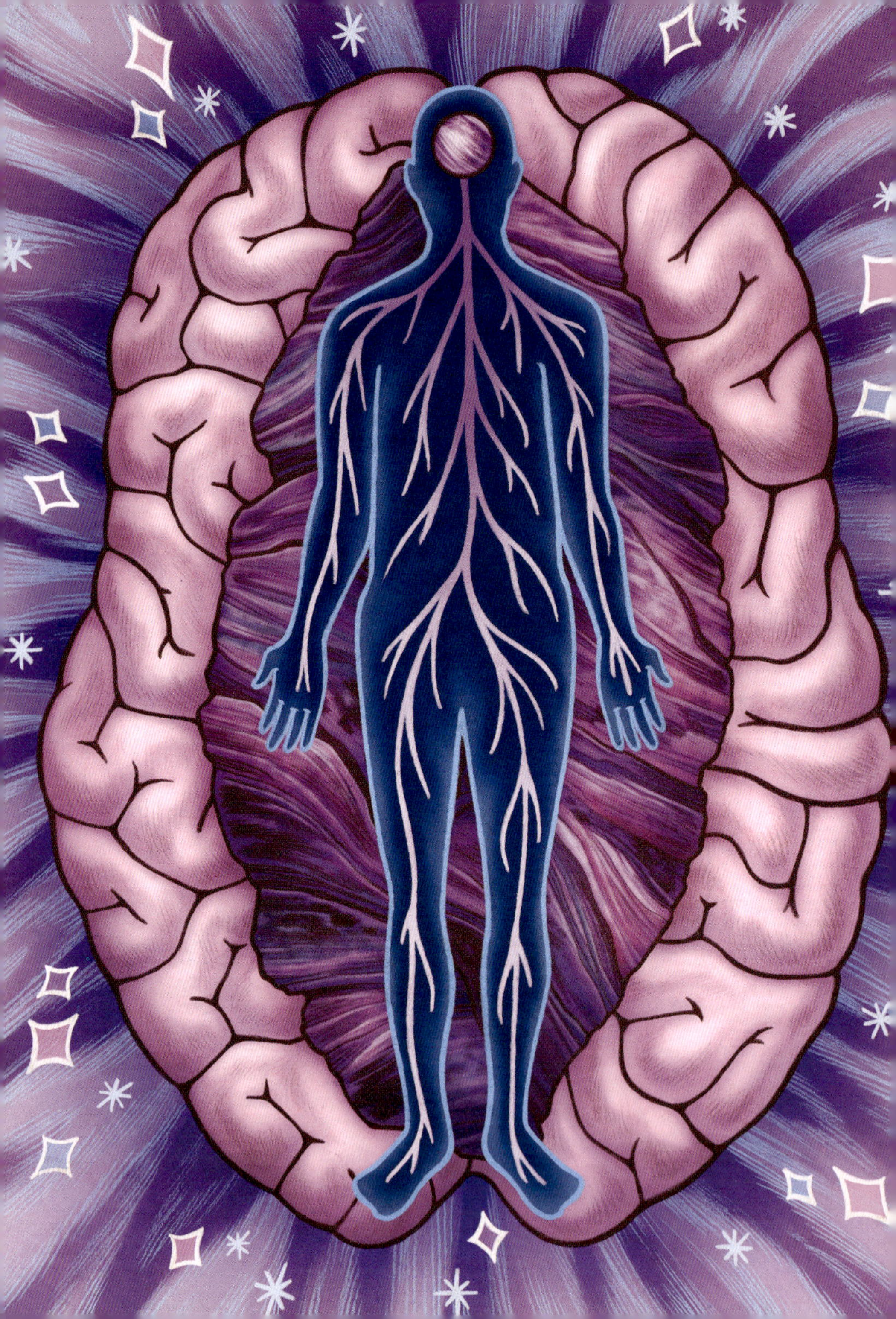

Découvrez-vous
SUGILITE

Échelle de Mohs : 6 – 6,5

Si l'univers avait un superhéros et que ce superhéros possédait un anneau cosmique, celui-ci serait taillé dans une sphère polie de sugilite à bandes violettes (ou peut-être juste dans une minuscule lamelle de ce vibrant cristal !). La sugilite vous connecte directement à votre système nerveux, stimulant votre capacité innée à sentir les forces vitales à l'œuvre dans le monde qui vous entoure, tout en vous aidant simultanément à recalibrer le monde qui est en vous. « Calmez ce cerveau en ébullition », conseille la sugilite. « Votre corps est un instrument de connaissance. Si vous en prenez soin, vous rétablirez l'équilibre entre esprit, corps, émotions et âme. » Qu'est-ce qui vous donne un sentiment de calme ? Qu'est-ce qui vous fait vibrer ? Soyez prêt à le découvrir.

Rituel

MAÎTRISEZ VOTRE ESPRIT

Notre esprit rumine, ce qui nous fait stresser, alors que nous n'avons rien d'autre à craindre que les hauts et les bas du quotidien. La sugilite vous apprend à rediriger cette énergie mentale, la faisant s'écouler le long de vos nerfs, ranimant tout votre être et l'aidant à retrouver son équilibre.

Votre cerveau est un peu comme un enfant qui exige votre attention. Comme avec un enfant, vous pouvez écouter ses protestations sans réagir.

- Quand vous vous apercevez qu'il est en surchauffe, visualisez l'énergie créée par ce processus mental sous la forme d'une boule de lumière violette.
- Examinez-la, familiarisez-vous avec son éclat et sa manière de bouger. Ensuite, imaginez que cette énergie s'écoule doucement et lentement, insufflant vie et sensation en vous. De là, voyez ce que sait votre corps.

Réflexion

L'ÉNERGIE DE LA MALADIE

Dans certains pays d'Asie, la sugilite est particulièrement réputée pour ses vertus anti-cancer ; elle est censée pulvériser les tumeurs. Que pensez-vous de la maladie ? La ressentez-vous comme une partie de vous-même ou comme un corps étranger ? Quand vous tombez malade, méritez-vous de souffrir ?

Imaginez que vous avez un anneau cosmique qui vous permette de voir la signature énergétique de chaque maladie. Essayez de vous visualiser dissociant l'énergie de la maladie de votre force vitale, modifiant patiemment la vibration de chacune de vos cellules.

« Le lieu de la véritable guérison est un lieu cruel. C'est un lieu immense. C'est un lieu de monstrueuse beauté, d'éternelle obscurité et d'aveuglante lumière. Il faut travailler vraiment, vraiment, vraiment dur pour arriver là, mais vous pouvez le faire. »

Cheryl Strayed, *Tiny Beautiful Things : Advice on Love and Life from Dear Sugar*

De quoi avez-vous besoin ?

CHRYSOCOLLE

Échelle de Mohs : 2,5 – 3,5

Sans eau, la chrysocolle n'est que du silicate de cuivre hydraté. Mais ajoutez de l'eau – l'élément des flux et de l'émotion –, et voilà ! La magie opère. L'eau *est* magique ; si vous en doutez, imaginez notre terre sans eau. Avec un soupçon d'H_2O, ce cuivre et cette silice ne deviennent pas seulement remarquables, ils se métamorphosent en cette pierre dont Cléopâtre, la reine d'Égypte, ne se séparait jamais. La chrysocolle sait qu'à chaque instant, nous ne sommes qu'à quelques gouttelettes d'eau d'une transformation complète, que chacun de nous peut devenir une personne qui ajoutera de la couleur et une nouvelle dimension à notre monde. « Que devez-vous apporter à votre vie ou à votre âme », demande cette pierre, « pour pouvoir vous transformer et grandir ? » La chrysocolle vous y aidera !

Rituel

DÉBALLER LE PASSÉ

Notre passé façonne ce que nous sommes, mais aussi ce que nous deviendrons. Parfois, nous occultons des bribes de ce passé, traumas ou passions. Ces petits paquets attendent que nous les ouvrions et découvrions les changements qu'ils promettent.

Si vous vous sentez prêt à déballer vos paquets – en sachant que cela vous transformera –, faites de la place pour votre passé en dégageant un lieu pour un autel.

- Au centre, allumez une bougie pour votre moi d'autrefois. Faites appel au bleu et au vert apaisants de la chrysocolle en demandant à votre passé de venir au secours de votre présent.

- Les jours suivants, enrichissez votre autel au gré de votre intuition. Demandez à chaque nouvel élément ce qu'il peut vous apprendre sur ce que vous avez été et ce que vous devenez.

Réflexion

FLUIDIFIER LES PENSÉES

La chrysocolle a le pouvoir de faciliter les transformations, qu'il s'agisse d'un grand changement ou d'un léger ajustement. C'est ce qui en faisait la pierre préférée de Cléopâtre qui, disait-on, en portait toujours une sur elle. La chrysocolle aidait la reine, comme son entourage, à changer de perspective dans une relation, ce qui lui a valu le surnom de « sage pierre de conciliation ».

Avec le temps, nos attitudes tendent à se figer et à se scléroser ; on est plus irritable, on se sent même parfois attaqué quand quelqu'un pense différemment de nous. Prenez un moment pour faire un inventaire :

Quand vos idées deviennent-elles radicales ?

Cela peut être en politique ou dans la sphère professionnelle, à moins qu'il ne s'agisse d'une attitude vis-à-vis de quelqu'un en particulier ou d'un groupe de personnes.

Que se passe-t-il si vous mettez un peu d'eau – un peu de fluidité – dans votre réflexion ?

Émerveillez-vous
AMÉTHYSTE

Échelle de Mohs : 7

Imaginez-vous, allongé sur le dos, les yeux perdus dans l'indigo infini du ciel vespéral quand brillent les premières étoiles. Sentez la liberté d'être une infime partie de cette vaste et profonde danse crépusculaire entre jour et nuit. Cet émerveillement paisible et joyeux est un don de l'améthyste. Il naît dans votre cœur et s'élance jusqu'à votre tête, encourageant vos brillants rêves d'avenir et vous rendant plus sage. « La magie existe dans les interstices de la vie », vous dit l'améthyste. « Trouvez votre magie, votre expression, dans le moment entre votre inspiration et votre expiration ; dans l'espace entre le jour et la nuit ; ou dans le doux et tendre abandon qui existe, toujours, quand la tête rencontre le cœur. »

Rituel

VOIR L'AMOUR

L'adorable améthyste vous propose d'essayer ce rituel sans vous poser de question – observez simplement ce que vous ressentez.

- Trouvez un endroit tranquille où vous pourrez fermer les yeux sans être dérangé.
- Déposez quelques gouttes de miel sur votre langue (si le miel est trop fort, faites du thé, ajoutez du miel et gardez-en une gorgée en bouche).
- Fermez les yeux et visualisez votre nuance préférée de violet.
- Observez vos ressentis. C'est tout – ne pensez à rien, faites juste ça !

« J'ai nettoyé mon troisième œil et je n'ai vu que toi. »
Amanda Mosher, *Better to Be Able to Love Than to Be Loveable*

Réflexion

LE PAYS DES RÊVES

Il n'y a pas si longtemps, dans de nombreux pays du Moyen-Orient, on glissait une améthyste sous l'oreiller pour éviter les cauchemars. Les taoïstes, quant à eux, considéraient que l'améthyste était une pierre pour le foie. Dans la pensée taoïste, l'esprit du foie a un nom : il s'appelle le *hun*. Le *hun* réside dans le corps, mais se déplace aussi dans les royaumes spirituels. L'améthyste nourrit le *hun*, ce qui vous permet de cheminer sans encombre dans le monde des esprits et des rêves, puis de revenir en vous.

Ce qu'il y a de merveilleux avec les songes et les voyages psychiques, c'est qu'en réintégrant le monde réel, vous vous sentez vivifié, revigoré et prêt à concrétiser vos rêves.

Quels sont vos rêves qui dépérissent ?

Quels rêves sont sur le point de devenir réalité ?

D'abord le feu

LARIMAR

Échelle de Mohs : 5

Le feu des volcans a créé des îles au sein du bouillonnement incessant de l'océan. « Je suis né du feu », rappelle le larimar à ceux qui ne voient pas plus loin que ses strates bleu turquoise et vert de mer. Regardez sous la surface de vos émotions et découvrez le feu dans l'eau. Du feu a surgi la terre, le sol solide sur lequel la vie a prospéré. Si vous coulez, ou que vous avez simplement envie de revendiquer un espace à vous – un endroit où vous affirmer ou une île privée paradisiaque –, le larimar vous aidera à découvrir votre feu intérieur, les valeurs qui vous ancrent. « Quand vous n'arrivez pas à cerner les motivations des personnes qui vous entourent, regardez sous leur eau pour voir leur feu », conseille-t-il. « C'est là où vous les comprendrez vraiment. »

Rituel

DÉVOILEZ VOTRE FEU

La passion est une émotion féroce. C'est une faim, un besoin. Elle brûle et consume. Parfois, la passion se dissimule derrière des sentiments moins violents. Avez-vous déjà senti le besoin d'oublier vos passions pour aimer tendrement ou être calmement présent au monde ? Pour regarder et appréhender votre feu intérieur, il faut que vous compreniez derrière quel masque émotionnel vous le cachez.

- Rassemblez des images qui représentent ce que vous pensez *devoir* ressentir ou les comportements qui ne correspondent pas toujours à vos valeurs. Peut-être portez-vous un costume strict tous les jours pour travailler alors que vous préféreriez être en jeans, ou vous obligez-vous à une écriture nette et précise, alors que vous aimeriez plus de liberté. Trouvez des images qui illustrent ce moi extérieur.
- Prenez un morceau de carton, découpez-y un ovale et faites des trous pour les yeux. Ensuite, collez les images sur le masque. Que ressentez-vous en le portant ? Acceptez l'idée d'avoir, à un moment, envie de brûler (en toute sécurité !) ce masque pour vous libérer des émotions et des illusions qui étouffent votre flamme intérieure.

Réflexion

FEU ET EAU

Parfois, nous nous complaisons dans nos émotions, rabâchant colère, joie ou tristesse. Nous nous repaissons de ces sentiments, les exhibons à nos amis, les regardons sous toutes les coutures.

Mais une grande passion – que ce soit un amour ou un projet – brûle tout. Notre feu fait s'évaporer l'eau de nos émotions. Combien de temps passez-vous à rejouer dans votre esprit une tragédie mineure, ou à ressasser une conversation ou une dispute ? Essayez d'utiliser cette rumination émotionnelle pour diagnostiquer si vous avez ou non assez de passion dans votre vie.

« Si vous êtes passionné, vous n'avez besoin d'aucune justification, votre enthousiasme vous armera contre toutes les pensées négatives qui se présentent. »

Wayne Dyer, *Passion Is Your Power*

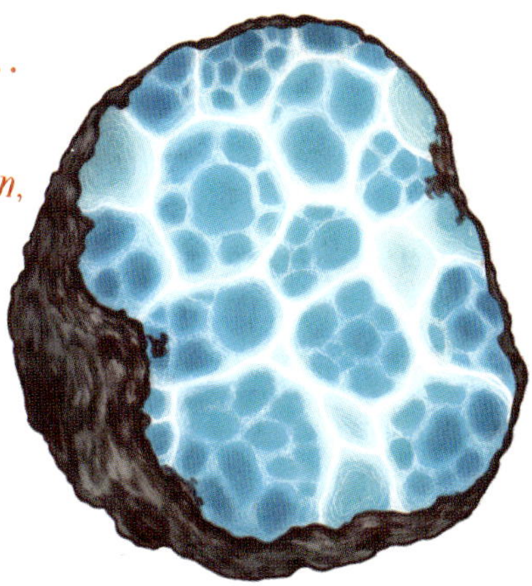

Soyez curieux

CORNALINE

Échelle de Mohs : 7

La cornaline a suivi les routes du commerce, pénétré le secret des lettres d'amour, été initiée aux anciens mystères contenus dans des parchemins conservés dans des cathédrales du savoir, comme la grande bibliothèque d'Alexandrie ou la maison de la sagesse de Bagdad. « Sortez voir le monde », vous dit la cornaline. Elle vous donne la force et le courage d'aller de l'avant. Elle saute dans toutes les caravanes, suivant marchands et émissaires jusqu'au bout de leurs périples. La curiosité de cet antique talisman ne s'arrête pas avec la mort : les amulettes de cornaline accompagnaient les défunts, protégeant leur passage vers l'inconnu par-delà le soleil couchant. « La vie peut être une aventure, si vous le décidez », rappelle la cornaline. « Soyez curieux. »

Rituel

FABRIQUEZ VOTRE SCEAU

La cornaline a été utilisée depuis l'Antiquité pour les anneaux sigillaires et les cachets parce que la cire chaude ne colle pas à sa surface. On en a fait des perles qu'on attachait à des parchemins ou qu'on enfilait en colliers comme monnaie d'échange. La cornaline n'est pas seulement une grande voyageuse, elle est intimement liée à l'humanité, dont elle partage secrets et histoires depuis des millénaires.

Dans les temps anciens, récits et images étaient inscrits dans la pierre. Les motifs des intailles en cornaline, utilisées pour cacheter les lettres, indiquaient qui envoyait la missive. L'expéditeur était symbolisé par une plante, un animal ou parfois une devise, gravés sur le sceau.

Créez votre sceau personnel :

- Quelle plante représente votre esprit ?
- Quel animal illustre votre manière d'avancer dans la vie ?
- Quel cristal ou minéral parle à vos valeurs profondes ?
- Quelle courte phrase résume vos aspirations ?

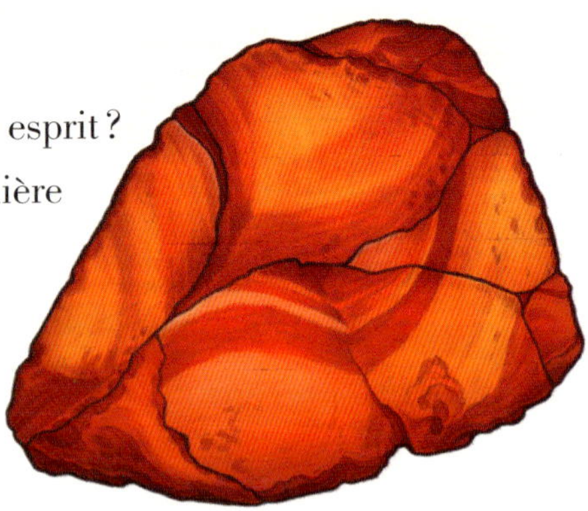

Réflexion

LE SOLEIL COUCHANT

Les anciens Égyptiens voyaient dans la cornaline la lumière solidifiée du coucher de soleil. Cette pierre, qu'ils nommaient « soleil couchant », les guidait et les protégeait durant les transitions.

Dans de nombreuses traditions, le soleil couchant symbolisait le passage entre la vie que nous connaissons – à la lumière du jour – et la nuit de l'inconnu. L'obscurité était ce qu'on ne peut ni voir ni connaître. Elle représentait la mort, l'ultime grande aventure que la pierre du soleil couchant aidait à affronter bravement.

Nos sociétés modernes sont moins intimes avec la mort ; loin d'être aussi familière que le soleil couchant, elle est souvent perçue comme effrayante.

Vous arrive-t-il de penser à la mort
ou est-ce un sujet cadenassé derrière
une porte dans votre esprit ?

Le passage du jour à la nuit pourrait-il symboliser
pour vous le passage vers la mort
et ce qui vient après ?

Vous vivez dans l'abondance

TOPAZE IMPÉRIALE

Échelle de Mohs : 8

Quand nous sommes rassasiés, quand nous sentons que nous avons assez – esprit et cœur comblés –, nous pouvons nous détendre et répandre l'abondance autour de nous. Voici le don de la topaze impériale : la capacité à savourer la vie et se nourrir de sa beauté. La topaze nous aide à trouver la sensibilité en nous afin de pouvoir observer de tous nos sens et goûter de tout notre être les moindres aspects du monde. De ce lieu de plénitude, nous répandons des flots d'énergie que nous partageons avec ceux qui nous entourent, sous forme de bonté, de courage ou de sagesse. « Il y a du merveilleux partout », chuchote la topaze impériale. « À vous de le saisir et d'en remplir votre cœur. »

Rituel

SAVOUREZ LA SENSATION

Certains sommeliers sucent une topaze avant une dégustation pour mieux distinguer les saveurs subtiles du vin. Savourer un mets est un art. Les aliments se modifient à la mastication ; quand on a un morceau de pain ou de fromage en bouche, de multiples goûts s'en dégagent. Si vous avalez un repas à toute vitesse, vous perdez une bonne partie du plaisir de manger, mais aussi du sentiment de satiété.

Préparez un plat à savourer avec tous vos sens. Inutile de cuisiner quelque chose d'extraordinaire, sauf si vous en avez envie ; cela marche aussi bien avec une pizza ou une délicieuse pâte à tartiner.

- Choisissez un endroit qui stimule vos sens (une forêt pour certains, un salon pour d'autres).
- Allumez des bougies ou des guirlandes lumineuses.
- Disposez quelques fleurs.
- Mettez de la musique.
- Arrangez une belle table.
- Invitez des convives à la conversation intéressante.

Maintenant, prenez votre temps et savourez. Détendez-vous et dégustez ce repas et ce moment !

Réflexion

ASSIMILEZ VOTRE VIE

Nous sommes nombreux à souffrir de problèmes digestifs. Une mauvaise assimilation entraîne de perpétuelles fringales. Nous ingurgitons constamment de la nourriture pour avoir la sensation d'être plein. Nous mangeons beaucoup, mais au niveau de la paroi intestinale, très peu de nutriments sont absorbés. Parfois, alors que nous avons tout ce qu'il faut dans la vie, cela ne nous contente pas. Notre foyer, notre travail ou notre couple devrait nous combler, et pourtant, nous restons sur notre faim.

Vous avez du mal à absorber
l'abondance dans votre vie ?
Regardez au fond de vous,
qu'est-ce qui vous bloque ?

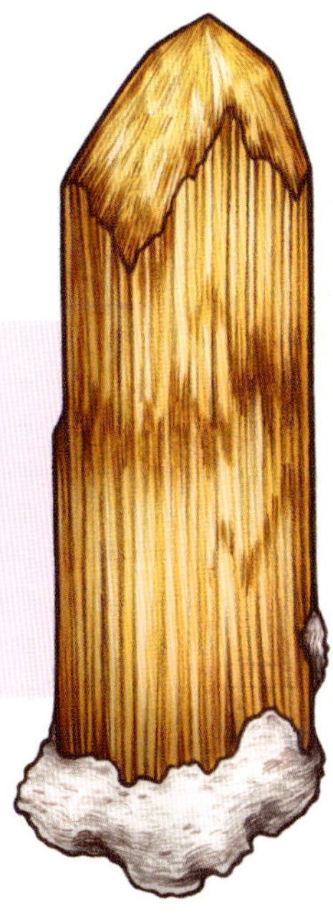

Au XIXe siècle, la topaze a été qualifiée d'« impériale » quand les tsars de Russie ont décrété que seule la famille royale pouvait en posséder ! L'adjectif « impérial » ne s'applique qu'aux topazes dont les couleurs vont du doré au rose.

Bienveillance et écoute

TOPAZE BLEUE

Échelle de Mohs : 8

Sœur de la topaze impériale, la bleue partage le message d'abondance, mais là où la première appelle à savourer le monde qui nous entoure, la seconde invite à nous intéresser à nos dons intérieurs. Nous débordons tous de sensibilité et de savoir intuitif. Nous possédons clairvoyance et empathie, c'est-à-dire quand nous nous écoutons et que nous n'enterrons pas nos vérités intérieures sous le doute. La topaze bleue nous demande de nous ouvrir à la richesse de notre intuition. Soyons attentifs aux messages de nos rêves, aux signaux de notre corps quand une situation n'est pas claire. « Il y a des richesses au-dedans », rappelle la topaze. « Nul besoin d'un maître ou d'un guide. Vous avez simplement besoin d'être bienveillant et de vous écouter. »

Vous, en beaucoup plus
RUBIS

Échelle de Mohs : 8

Le rubis est comme l'amour : il peut vous combler ou vous vider. Comme l'amour, le rubis sert d'amplificateur, il grossit vos traits positifs et négatifs. Il vous donne du courage et de l'assurance… si ces graines sont déjà semées en vous. Si le manque de confiance et la haine de soi ont déjà pris racine, il les intensifiera. Le rubis stimulera votre énergie si vous êtes en forme, mais vous mettra à plat si vous vous sentez fatigué. Il ne fait pas de distinction et ne juge pas, il accentue simplement ce qui est déjà là. Comme l'orpheline du *Magicien d'Oz* l'a découvert en chaussant les souliers rouge rubis, c'est un apprentissage en accéléré. Passez une bague en rubis à votre doigt et vous deviendrez vous en XXL. Mais êtes-vous prêt ?

Rituel

AMPLIFIEZ L'INTENTION

Le rubis est la pierre du magicien qui sait que tout est énergie. Changer l'amplitude de l'énergie change le monde. Mais comment ? Grâce à l'intention et à l'attention.

Ce sur quoi vous vous concentrez compte ; cela ne façonne pas seulement votre vision du monde, mais le monde lui-même. Imaginez que chaque personne émette l'intention de nourrir les affamés. L'attention étant amplifiée, idées et actions arriveraient vite. En peu de temps, la faim serait un problème du passé.

Autrefois, les femmes en mal de mari arboraient un petit cœur en rubis pour attirer un prétendant.

- Le matin, émettez une intention pour la journée (plus modeste que celle de lutter contre la faim dans le monde).
- Fortifiez cette intention par une action, comme l'écrire dans votre journal.
- À chaque repas, prenez un moment pour vous reconcentrer sur votre intention.
- Le soir, notez les résultats !

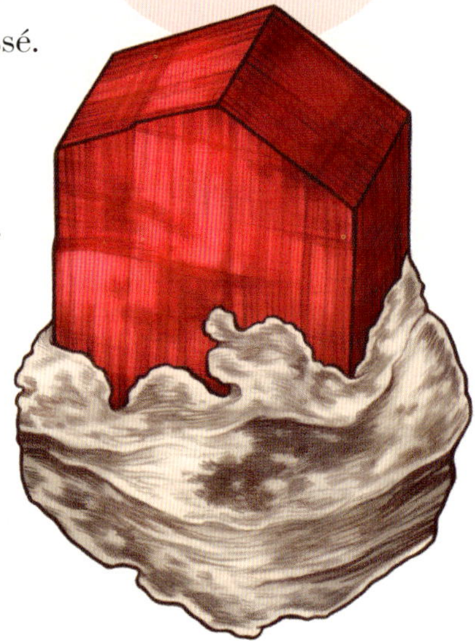

Réflexion

VÉRIFICATION

Le rubis ressemble à la veuve noire, pas seulement à cause des marques rouges que l'araignée et le cristal partagent, mais à cause de sa morsure imprévisible. La tradition taoïste conseille de se méfier quand on travaille avec le rubis, car il amplifie le positif comme le négatif et peut aspirer l'âme de ceux qui s'en servent inconsidérément. En fin de compte, le rubis nous demande de regarder où nous avons besoin d'un peu d'attention ou d'autodiscipline.

« Le rubis est la veuve noire du monde des cristaux. »
Sarah Thomas, Upper Clarity School of Stone Medicine

Quel est votre niveau d'énergie ?
Vous sentez-vous en forme ou à plat ?

Êtes-vous dévoré par des émotions rentrées,
comme la colère ou la jalousie ?

Que se passerait-il si vous deveniez davantage vous ?

Explorez votre lignée

GRENAT ALMANDIN

Échelle de Mohs : 7 – 7,5

L'almandin sait que votre histoire dans ce monde ne commence pas le jour où vous arrivez hurlant et gigotant. Non, elle a commencé il y a si longtemps que les étoiles ont depuis changé de place dans le ciel et que la poussière s'est transformée en pierre. Vos débuts sont inscrits dans la mémoire de l'ADN. Le sang se souvient aussi de ceux qui sont venus avant vous. Votre sang peut vous ramener à ce lointain savoir. L'almandin vous aidera à faire évoluer cette mémoire en modifiant ce qui doit l'être. « Plongez en vous, votre passé est passé », chuchote cette pierre. « J'ai une histoire à vous raconter. »

Rituel

LE FLUX DE VOTRE HISTOIRE

Utilisez l'énergie du cycle de croissance et décroissance de la lune pour explorer votre lignée. Si vous devez construire une relation avec vos ancêtres, commencez à la nouvelle lune. Si vous avez besoin de vous libérer d'histoires toxiques, démarrez à la pleine lune.

- Préparez un élixir de grenat almandin en plaçant un bocal en verre dans un saladier d'eau filtrée. Déposez la pierre dans le bocal et mettez le tout à l'abri.
- Buvez un peu de cette eau pendant les 28 jours du cycle lunaire. Au besoin, rajoutez du liquide.
- Prêtez attention à vos rêves, intuitions et ressentis, y compris aux malaises. Tenez un journal pour y noter vos observations.

Pourquoi ne peut-on pas mettre le cristal directement dans l'eau ? Le grenat almandin contient de l'aluminium, toxique pour le corps. Cette méthode permet aussi d'utiliser une pierre montée en bijou.

Réflexion

LE POUVOIR DE LA LIGNÉE

Le soutien de la lignée est une puissante médecine. Le lignée apporte stabilité et appui dans un monde qui paraît souvent chaotique. Elle donne le sentiment d'appartenir à une communauté quand on se sent seul et elle permet de faire appel à des guides qui nous aident à retrouver notre moi et notre âme.

En vous plongeant dans votre histoire, vous comprendrez qu'il ne s'agit pas seulement d'un passé immémorial, mais qu'elle est inscrite et gravée dans votre ADN. Comment alors vénérer et reconnaître cette partie de vous-même nouvellement découverte ? Réfléchissez à ce qui vous paraît le mieux. Vous n'avez pas besoin d'honorer votre lignée de manière solennelle. Au Japon, la fête de *obon* célèbre les ancêtres au son des tambours et avec des danses.

Pouvez-vous inventer un petit rituel qui vous mette en relation avec vos ancêtres ?

« Cela a commencé par un mystère, Et cela finira par un mystère, Mais quel sauvage et magnifique Pays s'étend entre les deux. »

Diane Ackerman, *Le Livre des sens*

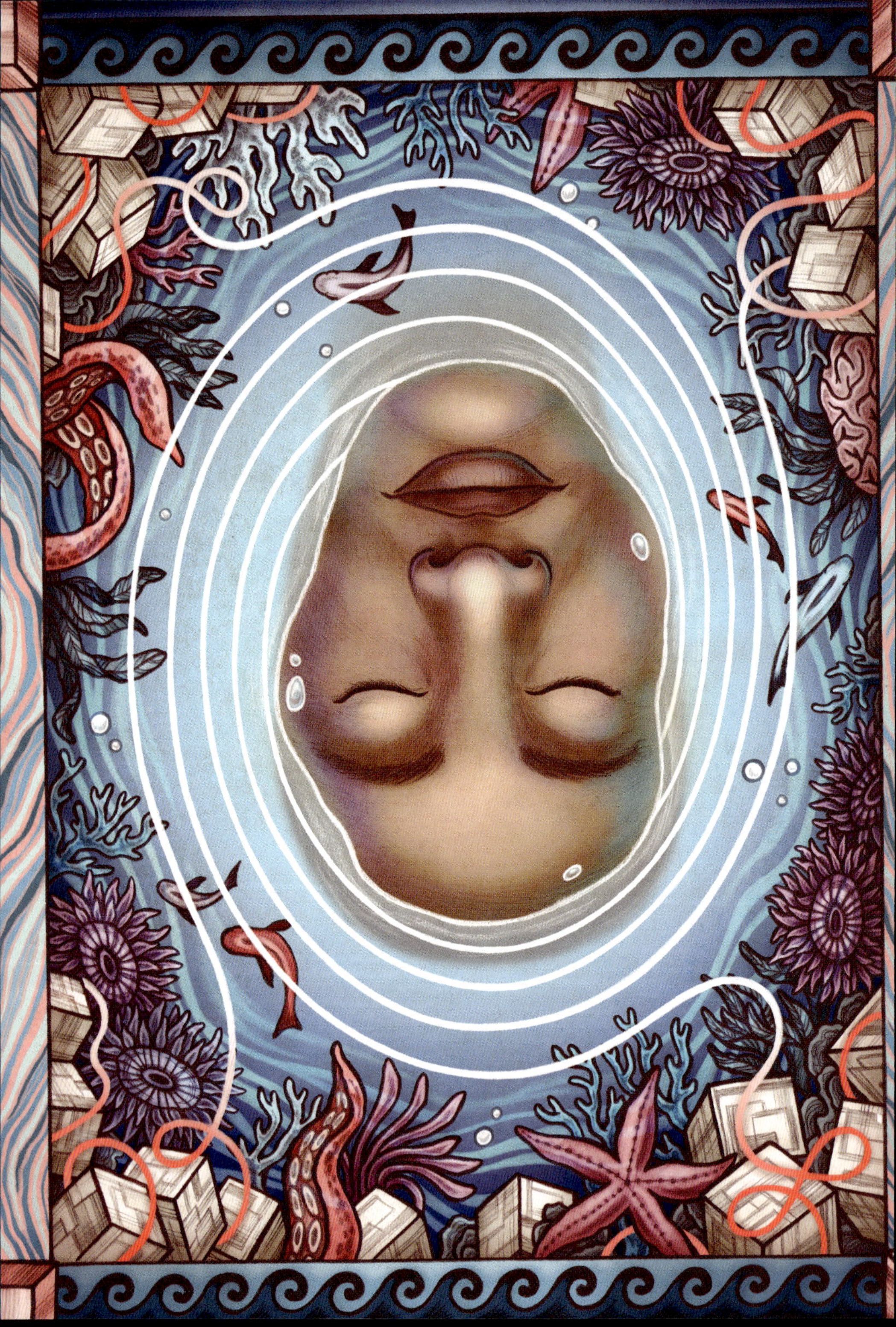

Les fondements de l'humanité

SEL

Échelle de Mohs : 2

Avant les diamants, les émeraudes ou les rubis, il y avait le sel. Cet antique cristal servait de monnaie, il est à l'origine de villes, de routes commerciales et de nouvelles technologies. Bien que les pierres de lune ou les opales puissent vous paraître plus désirables, seul le sel vous est vraiment nécessaire. « Connaissez-vous la différence entre ce dont vous avez envie et ce dont votre corps a vraiment besoin ? » demande le sel. « Pouvez-vous renoncer à ce qui brille pour étancher vos vraies soifs ? Pour embrasser et apprécier ce qui fait les fondamentaux de l'humanité et du bonheur ? » Tout le sel provient de la mer, que ce soit d'anciens fonds marins ou de nos océans. Il parle à la mer de notre sang, nous rappelant que, sans lui, nous ne sommes rien.

Rituel

LAVAGE AU SEL

Depuis toujours, on emploie le sel pour séparer ; il extrait les liquides des viandes et les protéines des liquides. Ce processus s'appelle le « relargage ». Utilisons-le pour nous aider à évacuer les émotions d'autres personnes. C'est particulièrement utile pour celles et ceux qui entrent dans l'espace émotionnel d'autrui, comme les thérapeutes ou les coachs.

- Ajoutez une pincée de sel quand vous vous lavez les mains ou baignez-vous dans de l'eau salée. Sous la douche, remplissez un gant de toilette de sel et nouez-le pour le fermer ; en vous frottant, le sel se dissoudra et passera au travers du tissu.
- Pour un moment plus sensuel, parfumez le sel avec une huile essentielle (une goutte par poignée suffit). En vous rinçant, imaginez que les émotions qui vous collent à la peau se détachent et sont évacuées avec l'eau.

Réflexion

LE SEL DE LA VIE

Certaines personnes dans la vie ont la même fonction que le sel dans la nourriture ; dans une fête, elles présentent les gens et font la conversation en allant de groupe en groupe. En leur présence, les discussions se calment, les interlocuteurs restent courtois même quand le ton monte, les caractères irascibles se modèrent et les timides osent. Ces personnes magiques sont comme le sel, on ne les remarque que quand elles sont absentes.

Qui est comme le sel dans votre vie ?

« La relation du sel à la saveur est multidimensionnelle : le sel a son propre goût et relève la saveur d'autres ingrédients. Employé correctement, il atténue l'amertume, équilibre le sucré et rehausse les arômes, enrichissant notre expérience gustative. »

Samin Nosrat, *Sel, gras, acide, chaleur*

Respirez dans votre vérité

LÉPIDOLITE

Échelle de Mohs : 2,5

La lépidolite à l'éclat lilas est un cristal pour rêves de princesses et contes de fées. Nous avons du mal à y croire et ne pouvons nous empêcher de penser en la voyant : « Ça n'est pas naturel ! » Pourtant, les doux coloris de cette pierre sont vrais. « Ne doutez pas de mon authenticité et ne doutez pas de la vôtre », lance malicieusement la lépidolite. Elle sait que l'excès – de beauté, d'humour, d'intelligence – ne rend pas faux. Étinceler de tous vos feux permet aux autres de briller aussi pour montrer leur personnalité authentique et multiple. Quand vous pouvez retirer vos masques, quand vous reconnaissez la personne que vous voyez dans le miroir, votre cœur et votre esprit se calment et votre âme respire. Laissez la lépidolite vous aider à trouver votre vérité et à jouir de votre esprit.

Rituel

RÉÉCRIVEZ LE LIVRE

La lépidolite est de la famille des micas. Le mica se présente en feuilles comme les livres. Notre vie est comme le mica, composée d'un empilement de feuilles racontant des histoires qui, avec le temps, nous disent qui nous sommes.

Parfois, pour modifier votre avenir, il vous suffit de supprimer un chapitre du passé qui ne correspond plus à celle ou celui que vous voulez être. Chaque histoire est comme une mince feuille, fragile si elle est seule, mais solide et résistante quand elle est reliée à d'autres.

Quelles histoires,
qui ne servent plus,
gardez-vous en vous ?

- Utilisez votre journal, des paroles ou des images pour entrer dans votre livre et changer l'histoire.

Réflexion

COMMENT VOUS APAISEZ-VOUS ?

La couleur violette de la lépidolite vient du lithium, ce même lithium qu'on utilise en psychiatrie pour traiter la dépression et l'anxiété. Cet élément chimique calme le système nerveux.

Comment apaisez-vous et calmez-vous votre système nerveux ?

Votre anxiété et votre stress viennent-ils de ce que vous ne parlez pas vrai et n'êtes pas vous-même ?

Tous les micas, dont la lépidolite, sont des miroirs qui reflètent une partie de ce que nous sommes. Ils sont aussi des isolants qui nous protègent du monde extérieur. Ils servent à isoler des composants électroniques, car ils supportent une chaleur élevée tout en restant souples.

Tant de vie en vous

PÉRIDOT

Échelle de Mohs : 6,5 – 7

Tout au fond de votre cœur se trouve un lieu verdoyant, joyeux et accueillant, où les rochers sont tapissés de mousse et les troncs d'arbre enguirlandés de fleurs. L'air y est empli de chants d'oiseaux et chaque souffle vif et vibrant est gorgé de vie. Dans ce magique et merveilleux paysage intérieur, tout est possible. Vous pouvez boire au puits de la sagesse, jouer avec les fils du temps et y ranimer votre âme quand elle est fatiguée du monde. C'est là que vit le péridot, tournoyant dans le vert infini. « Venez danser avec moi », chuchote-t-il. « Il y a encore tant de vie en vous. Réveillez votre esprit et souvenez-vous de votre bonheur. »

Rituel

LA NATURE EST VOTRE REMÈDE

Le péridot vous connecte aux remèdes d'origine animale, végétale ou minérale.

Porter un péridot dans votre poche (ou sur votre cœur) vous entraîne dans une aventure au royaume de la nature. Si vous vivez à la campagne, vous pouvez vous évader dans les bois ou près d'une rivière. En ville, vous devez aiguiser votre perception de la vie sauvage : souvenez-vous, même la plus petite plante peut abriter une abondance de vie !

- Soyez dans le paysage, au lieu de simplement vous y déplacer. Utilisez vos pouvoirs d'observation pour recueillir les messages de la nature.
- Épiez la lente respiration des arbres ; écoutez la course des écureuils ; roulez des cailloux dans vos mains, en sentant leur savoir des âges de la terre. Laissez le péridot vous aider à ne faire qu'un avec la nature.

Réflexion

AMPLIFIER

On raconte que le roi Salomon buvait un élixir appelé *soma* dans un gobelet en péridot. Servi dans un tel contenant, tout breuvage raffermissait la vie et permettait la connaissance de ses cycles.

Selon la tradition, le péridot demande à être serti dans de l'or pur pour augmenter son pouvoir.

Qu'est-ce qui, dans votre vie, amplifie votre puissance ?

Qu'est-ce qui vous fait vous sentir doublement fort, doublement heureux ou doublement bien ?

En revanche, qu'est-ce qui vous affaiblit ?

« Si la vue du ciel bleu vous remplit de joie, si un brin d'herbe dans les champs a le pouvoir de vous émouvoir, si les simples choses de la nature parlent un langage que vous comprenez, réjouissez-vous, votre âme est vivante. »

Eleonora Duse

Devenez sage

QUARTZ ÉLESTIAL

Échelle de Mohs : 7

Au plus profond de la terre, l'élestial se forme en couches irrégulières. Peut-être était-il à l'origine, dans un très lointain passé, un simple quartz. Mais soumis à d'innombrables changements – de température, d'humidité et même aux mouvements des plaques tectoniques –, sa forme et sa texture se sont curieusement métamorphosées. Si nous l'y autorisons, la vie agit ainsi, accumulant connaissances et sagesse jusqu'à faire de nous un quartz élestial. « Permettez au monde de vous instruire », chuchote cette vénérable pierre. « Laissez votre moi unique s'épanouir. La sagesse vient avec le temps. »

Rituel

ÊTRE AVEC LES ROCHES

Certaines des plus puissantes pierres ne sont pas des cristaux chatoyants et polis. Il s'agit de ce qu'on appelle simplement des « roches ».

Il y a des millénaires, ces roches ont servi à construire des cercles de pierres, des cairns, des dolmens et des labyrinthes. Elles ont signalé l'entrée de tombes, de carrefours ; elles ont été lavées par les océans et polies par les rivières. Ce sont des amalgames de minéraux qu'on trouve partout.

- Sortez et ramassez sept cailloux. Chaque jour pendant une semaine, asseyez-vous avec l'un d'entre eux et observez tranquillement les pensées et les émotions qui vous traversent.
- À la fin de la semaine, comparez vos notes journalières et voyez ce qui en découle.

Le mot « élestial » décrit la manière dont certains quartz se forment. Chaque membre de la famille des quartz (y compris l'améthyste et la citrine) peut devenir élestial.

Réflexion

RESPECTER LA SAGESSE

Le quartz élestial est plissé et ridé, crevassé et anguleux. Chaque imperfection raconte l'histoire de notre terre et de ses ères géologiques. Même si tant de sagesse inspire théoriquement le respect, dans la famille des quartz aux faces lisses et brillantes, l'élestial n'en a pas moins l'air étrange.

Voir se rider votre visage, autrefois lisse et frais, peut être difficile. La personne dans le miroir vous paraît parfois inconnue.

« Vieillir est un phénomène extraordinaire qui fait de vous la personne que vous auriez toujours dû être. »
David Bowie

Quel regard portez-vous sur votre propre vieillissement ?

Quand vous rencontrez une personne âgée que vous ne connaissez pas, quelle est votre première pensée ?

Vos idées concernant vieillesse et sagesse conditionnent-elles votre attitude vis-à-vis des personnes âgées ?

Centre sacré
SÉLÉNITE

Échelle de Mohs : 2

« J'ai reçu le nom d'une déesse de la lune », proclame la sélénite. « La lune est sombre, mais je suis lumière. Pas une lumière réfléchie, réfractée ou diffuse. Non, je suis éclatante, je brille de l'intérieur. Je suis une source vive, pas un miroir. » La sélénite vous rappelle que vous pouvez être une source de lumière. Renforcez votre énergie afin qu'elle ne brille pas seulement pour vous, mais aussi pour ceux qui vous entourent. « Vous êtes multidimensionnel », vous dit cette pierre. « Vous avez en vous l'énergie de la lune, du soleil et de la terre. Du vent, du feu et de l'eau. Vous êtes la vie sous toutes ses facettes. » Vous n'avez pas à choisir : vous pouvez à la fois briller et refléter. En circulant entre ces pôles, vous atteignez le centre sacré.

Le plein de richesses

CITRINE

Échelle de Mohs : 7

La citrine n'aime ni le nombrilisme ni le narcissisme. « Il y a tout un monde dehors », gronde la citrine, qui vous fait remarquer la vie autour de vous. « Branchez-vous sur l'extérieur », dit cette pierre, qui vous observe hésiter à vous détourner de vos problèmes pour contempler les jeunes feuilles sur les branches d'un arbre. Elle sait que, sans cesse à ruminer ou à vous déprécier, vous aurez du mal à entendre le bruissement des ailes d'un oiseau fendre le silence. Mais la citrine s'obstine à vous pousser hors de vos retranchements, approuvant quand vous sortez lentement de vous-même. « Le monde est plein de richesses », vous dit-elle. « Dans cette abondance, vous trouverez votre joie. »

Rituel

NOURRIR L'ABONDANCE

Traditionnellement, on conseille d'avoir une citrine dans son porte-monnaie pour attirer l'argent. Mais la vraie richesse de cette pierre est le sentiment de plénitude qu'elle apporte. La gratitude est le meilleur moyen pour nourrir l'abondance. Pratiquer la gratitude augmente la production de dopamine, ce qui accroît le niveau de bonheur.

De plus, cette hormone du plaisir stimule la zone d'acquisition des connaissances dans le cerveau. Donc, plus de bonheur égale plus d'intellignence !

- Dans la journée, quand vous vous arrêtez à un carrefour ou à un feu rouge, profitez de la pause pour réfléchir à ce qui a pu susciter votre gratitude dans les minutes précédentes.

Réflexion

LAISSER ENTRER

La citrine vous aide à vous connecter à l'abondance du monde matériel. Puisque vous vivez dans un corps physique (donc matériel !), elle vous aide aussi à définir votre propre monde, autrement dit votre espace personnel.

Une fois cet espace défini, vous pouvez contrôler les énergies que vous y laissez entrer.

Ouvrez-vous la porte aux dons de la citrine ?

Ou repoussez-vous les richesses, la joie et la plénitude qu'elle peut apporter ?

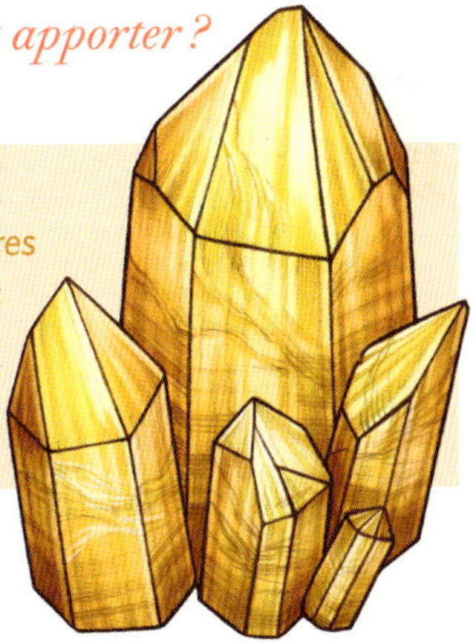

Les citrines naturelles sont rares. Certaines pierres dans le commerce sont en fait des améthystes chauffées. On les reconnaît à leur coloration jaune orangé plus foncée aux extrémités.

Que le calme soit !

SODALITE

Échelle de Mohs : 5,5 – 6

Quand votre système nerveux se détend, votre esprit voit soudain ce qui lui échappait auparavant : intuition et intellect, conscience collective et observation individuelle s'équilibrent. Votre perspective s'élargit et vous pouvez vous fier à votre instinct. Dans ce paisible lieu intérieur, vous vous sentez plus assuré et plus stable. « Pour que cela arrive », murmure la sodalite, « vous devez trouver le calme. Vous devez tranquilliser chaque parcelle de votre être, jusqu'à la dernière cellule. » Inspirez à fond, expirez le stress, les interrogations, l'agitation. Atteignez, activement, le calme.

Rituel

SE REPOSER ET REDÉMARRER

Les pays méditerranéens connaissent les bienfaits du repos. On y encourage la sieste dans l'après-midi pour faire une pause et recharger ses batteries.

- Réservez un temps pour la sieste. Pas une sieste du genre « je m'écroule », mais un moment pour vous allonger et faire le calme en vous. La pause peut être quotidienne ou hebdomadaire. Programmez-la pour anticiper !

Êtes-vous reposé ?

Faites-vous la sieste dans un lit, sur un canapé ou dehors, dans un hamac ?

En musique ou en silence ?

Dans l'obscurité ou dans un rayon de soleil, comme les chats ?

- Ce moment doit devenir un rituel pour redémarrer. Préparez-vous et mettez tout en place pour une relaxation optimale afin de repartir d'un bon pied.

Réflexion

STRESSÉ ?

Quand vous passez en mode combattre ou fuir, vous n'entendez plus la voix de votre cœur. C'est normal, puisque votre corps est programmé pour échapper au danger (si la femme du néolithique avait perdu du temps à se demander si c'était son destin d'être mangée par un tigre à dents de sabre, notre espèce aurait disparu depuis longtemps !).

Ce qui marchait bien pour le tigre à dents de sabre n'est plus aussi efficace pour les stress de la vie moderne, mais ces stress quotidiens déclenchent la même réponse biologique. Ce qui signifie qu'un simple embouteillage peut provoquer un réflexe de survie. Plus grave, vous n'en êtes même pas conscient.

Comme des joueurs de poker inexpérimentés, nous exprimons souvent notre stress par des tics. Nous nous rongeons les ongles, nous triturons nos cheveux ou apostrophons (ou insultons) les autres conducteurs sur la route, comme s'ils pouvaient nous entendre. Et vous, comment réagissez-vous ? Pour calmer le jeu, il faut d'abord savoir que vous y jouez !

Emplissez-vous MORGANITE

Échelle de Mohs : 7,5 – 8

« Regardez dans votre cœur », conseille la morganite. Depuis cet espace, vous allez vous déployer dans des régions inexplorées de votre être, vous relier d'une nouvelle manière aux mondes à l'intérieur et à l'extérieur de vous. En ouvrant votre cœur, vous pouvez vous connecter aux autres, à votre environnement, découvrir des facettes qui n'existaient pas avant que la morganite vous aide à leur insuffler vie. « Étendez-vous dans votre plénitude », dit cette pierre. Depuis ce lieu, tout ce qui n'est pas vous sera lentement remplacé par la vérité de votre âme. Ce n'est pas un processus rapide, la morganite le sait. Ce travail prend des années, toute une vie. Mais cela vaut la peine pour être pleinement et sereinement vous.

Ancrez-vous

HÉMATITE

Échelle de Mohs : 5 – 6,5

« Ancrez-vous ! » dit l'hématite. Qu'il s'agisse de vos pensées qui tournent en rond, de votre énergie qui part dans toutes les directions ou de votre esprit qui veut s'évader de votre corps, le message de l'hématite est le même : « Ancrez-vous ! » Plongez en vous, trouvez votre centre et sentez-vous connecté au cœur de la terre. Que le fer de votre sang chante avec le fer du noyau terrestre, rappelant vos racines. Laissez cette pierre riche en fer soutenir vos pensées et ancrer vos émotions pour vous permettre d'exprimer le meilleur de vous-même et faire ruisseler cette énergie autour de vous.

Rituel

FAIRE PARTIE DU TOUT

Vos racines ne vous empêchent pas seulement de tomber, elles vous empêchent aussi de tourner en rond. Il existe bien des manières de s'enraciner : l'une étant de se relier à sa lignée, qui rappelle que d'autres avant nous ont foulé les mêmes chemins.

Pensez aux lignées auxquelles vous appartenez déjà : votre famille d'origine, votre famille choisie. Ou peut-être est-ce une religion ou d'autres croyances qui vous relient aux autres.

Êtes-vous enfant de la forêt ou de l'océan ?

Avez-vous une lignée intellectuelle, êtes-vous adepte des philosophies antiques ou de physique quantique ?

Quelle que soit votre connexion, revendiquez-la, nommez-la, considérez-vous comme une partie d'un plus grand tout. Faites appel à ceux qui sont venus avant vous, même si vous ne les connaissez pas.

- Écrivez une lettre à l'humain (ou autre entité) que vous revendiquez comme ancêtre.
- Dites-lui qui vous êtes, qui vous voulez devenir et comment son énergie peut vous aider à grandir.
- Offrez-lui votre gratitude pour son assistance.

Réflexion

COMPRENDRE LA STRUCTURE

Tout dans la nature, ou presque, a une structure. Que ce soit la structure cristalline des pierres ou celle en spirale des frondes de fougères, les structures sont inhérentes aux systèmes naturels. Elles peuvent, néanmoins, être contraignantes. À l'intérieur d'une structure rigide, les options sont limitées et la croissance souvent prédéterminée.

Où sont les structures dans votre vie ?

Êtes-vous à l'aise dans une structure ou vous rebellez-vous contre elle ?

Vous rebeller vous aide-t-il à mieux comprendre qui vous êtes et les questions qui agitent votre esprit ?

Faites confiance au temps

AMMOLITE

Échelle de Mohs : 3,5 – 4

Il y a bien longtemps, quand les montagnes n'existaient pas encore, un céphalopode nommé « ammonite » vivait dans une coquille en spirale au fond des mers. Sa coquille semblable à celle d'un escargot ou d'une conque était jolie, sans plus. Quand l'océan s'est retiré, les ammonites se sont fossilisées dans ce qui est devenu le flanc des montagnes Rocheuses aux États-Unis. Sous la pression du temps et des roches, leur chimie s'est modifiée, elles sont devenues des ammolites iridescents. L'ammolite sait que le temps change tout. Qu'est-ce qui, dans votre vie, a besoin d'espace et de temps pour devenir joyau ?

Rituel

EXPLOREZ VOS CYCLES

Comme la coquille de l'ammonite, notre vie est une spirale en perpétuelle expansion. Les mêmes leçons se répètent pour nous faire grandir à chaque fois. Au milieu d'un cycle, il est parfois difficile de voir où l'on va. Avec le recul, tout devient souvent plus clair.

- Faites l'historique de votre évolution mentale, physique, émotionnelle ou spirituelle. En commençant à votre naissance, notez les événements significatifs thème par thème. Quand votre liste est complète, cherchez le sens qui s'en dégage.
- Répétez cet exercice pour divers aspects de votre vie.
- Comparez et superposez ces historiques pour révéler de nouveaux motifs.

Réflexion

TRANSMUTATION

Nous avons tendance à penser que les animaux restent des animaux et les minéraux des minéraux. Mais c'est avoir la vue courte ! Le temps géologique est autre. Les pins fossilisés deviennent du jais ; en refroidissant, le feu liquide de la lave se vitrifie en obsidienne ; nos propres os se cristallisent en un minéral appelé « apatite ».

Les alchimistes du Moyen Âge distillaient, évaporaient, pulvérisaient et chauffaient pour comprendre comment une chose se transformait en une autre. L'alchimie est à la fois l'ancêtre de la physique et la version médiévale du développement personnel. Ses adeptes mêlaient expériences et métaphores, cherchant le processus capable de transformer une personne en la dépouillant de ses scories.

Commencez à observer consciemment les transmutations dans votre vie quotidienne. Regardez l'eau devenir vapeur, le papier devenir cendres.

Comment utiliser ces transmutations
métaphoriquement et dans des rituels
pour soutenir votre propre croissance ?

N
S

Trouvez le chemin du retour

TURQUOISE

Échelle de Mohs : 5 – 6

« Vous pouvez toujours trouver le chemin du retour », assure la turquoise. Elle le sait, elle qui a voyagé avec les caravanes sur la route de la soie et accompagné des souverains dans leur passage vers la mort. La turquoise nous guide sur les chemins inconnus ou dangereux, dans la réalité ou dans le pays ombreux des voyages psychiques et des rêves. Elle protège ces zones de notre esprit égarées, effrayées ou occultées. L'être humain est partagé entre un caractère yin et un caractère yang (entrant parfois en conflit) qui le poussent simultanément à déployer ses ailes et à rester au nid. La turquoise comprend. « Allez et grandissez », chuchote-t-elle. « Je vous aiderai à trouver le chemin du retour. »

Rituel

SOYEZ VOTRE PROPRE DEMEURE

Quand les anciens regardaient la turquoise, ils voyaient le bleu infini du ciel. Cette pierre céleste, née du ventre de la Terre Mère, parle d'équilibre, d'unité et du savoir de toutes choses. La turquoise nous aide à retrouver ce qui a été perdu ou abandonné dans le « ciel » – ces parties de nous-mêmes qui voyagent sans fin dans les royaumes spirituels, parce qu'elles ne se sentent pas à l'abri dans un corps ou désirées en nous.

- Debout, les pieds écartés de la largeur des hanches, les orteils ancrés dans le sol, levez la tête vers les cieux. Visualisez la couleur de la turquoise, ocellée de terre et de ciel. Dans votre cœur ou à voix haute, dites :

Je suis ma propre demeure.

- Répétez ce mantra, en vous concentrant de tout votre être.
- Observez vos visions ou sensations corporelles, en laissant vos pensées vagabonder.

Réflexion

NID OU NOUVEAUTÉ ?

L'esprit humain est dans une tension dynamique entre le désir d'enracinement et la passion de l'exploration ; le nid opposé à la nouveauté. Nous aimons notre confort et la chaleur du foyer, mais nous nous ennuyons facilement et sommes toujours en quête de nouvelles aventures ou d'une meilleure version de notre réalité quotidienne. C'est notre chance et notre malédiction. Nous sommes partagés entre le secret désir de tout envoyer promener et la culpabilité de nourrir ce germe de destruction dans notre cœur.

Pouvez-vous oublier cette culpabilité et cette peur pour examiner tous les aspects de votre désir ?

Que se passe-t-il quand vous acceptez de résoudre les tensions, apparemment conflictuelles, entre vos désirs ?

Une différente sorte d'amour

QUARTZ ROSE

Échelle de Mohs : 7

« L'amour est la capacité à se transcender et rejoindre l'autre », enseigne le quartz rose. Que l'autre soit une personne, une plante ou une pierre ; un animal ou le ciel au-dessus de vous ; la poussière sous vos pieds, un volcan, le ressac infini de l'océan. Tout est un. Le quartz rose sait que vous pouvez adoucir vos aspérités pour vous intégrer au monde et soigner les parties de votre être brisées par la vie. « Mélangez-vous, puis revenez à votre moi. Vous êtes vous et vous êtes nous », chuchote ce cristal. Laissez l'amour du quartz rose infuser la conscience que vous avez de vous.

Rituel

PURIFICATION DES QUATRE ÉLÉMENTS

Dans le taoïsme, après avoir travaillé avec le quartz rose, il faut le nettoyer en le passant dans la vapeur d'une eau bouillante infusée avec des pétales de rose. La purification de ce cristal fait appel aux quatre éléments : la vapeur naît du feu et de l'eau, le feu a besoin d'air sinon il s'étouffe, les pétales représentent la terre. Faites de même pour vous tonifier et vous régénérer.

- Prenez des aromates, des épices ou des plantes non toxiques du jardin. Jetez-les dans l'eau bouillante, puis exposez votre visage, vos pieds ou vos mains à la vapeur.
- Concentrez-vous sur ce que vous voulez purifier et utilisez la signification symbolique de l'ingrédient utilisé pour booster le processus !

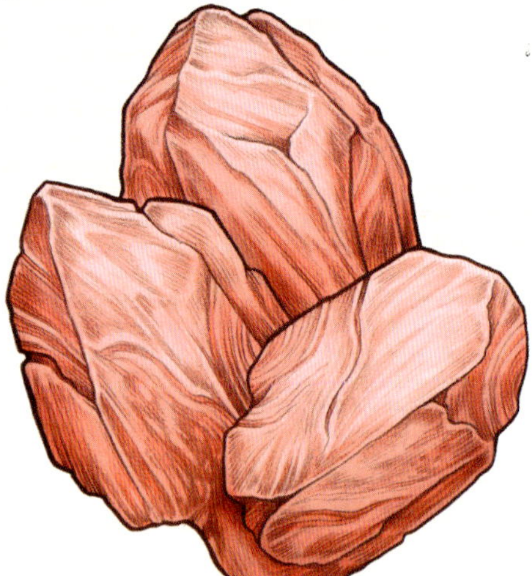

Réflexion

JE SUIS...

La couleur rose de ce quartz provient d'un mélange de manganèse qui nourrit le cœur, de titane qui donne une résistance à toute épreuve et de fer qui ancre et centre. Quels éléments composent votre être et quel rôle jouent-ils dans votre personnalité ?

Amergin, un barde du temps jadis, composa un poème fait d'une succession de déclarations commençant par « je suis ». Vous pouvez vous en inspirer pour exprimer qui vous êtes.

Je suis le vent qui souffle de la mer
et l'écume des vagues de l'océan.
Je suis le renard caché dans les fourrés
et le faucon qui s'élève au-dessus de la falaise.
Je suis le soleil brillant sur les gouttes
de rosée et les feuilles qui guérissent le cœur.
Je suis le calme du lac et l'écho des montagnes.
Je connais les secrets des lieux obscurs
et cachés, les cycles de la lune, l'endroit
où le soleil se couche et comment naît le jour.

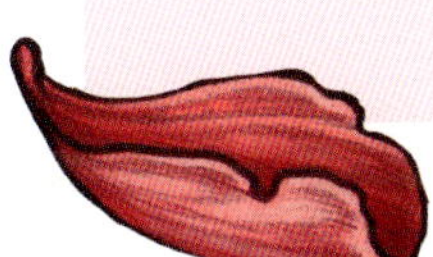

Transmutation

TOURMALINE NOIRE

Échelle de Mohs : 7 – 7,5

Certains disent que ce qu'on ne voit pas n'existe pas… mais vous entendez la radio, n'est-ce pas ? Les fréquences radio sont pourtant transmises par des ondes invisibles. Beaucoup d'informations arrivent par des canaux qu'on ne voit pas. Des mondes de connaissance s'offrent à nous. C'est magique… mais ça peut être *bruyant* si vous êtes sensible aux ondes. La transmutation est le premier don de la tourmaline noire : la capacité d'absorber l'énergie en excès pour la transformer. « En quoi ? » vous demandez-vous. C'est à vous de décider. La tourmaline noire est à la fois votre maître et un outil. Comment l'utiliserez-vous ? Comment transformerez-vous l'énergie ?

Rituel

SOUFFLER

Le corps humain transmute comme la tourmaline noire. Prenons le dioxyde de carbone que nous expirons. D'où vient-il ? Du carbone contenu dans la nourriture que nous mangeons. Ce gaz est un produit dérivé de la transformation du glucose en énergie.

À l'exemple des chamans de nombreuses cultures, utilisez cette métaphore du souffle comme véhicule pour changer et rejeter ce dont vous n'avez plus besoin. C'est simple : expirez-le !

- Concentrez-vous sur un sentiment ou un aspect de vous-même dont vous êtes prêt à vous libérer.
- Expulsez-le en soufflant dans une pierre ou un bâton.
- Posez la pierre ou le bâton à une place d'honneur chez vous, pendant une semaine ou un cycle lunaire, le temps de comprendre et mesurer ce que vous laissez partir.
- Ensuite, enterrez la pierre ou brûlez le bâton, pour relâcher l'énergie dans la terre.

Réflexion

QUE SAIT-ON ?

La tourmaline noire est à la fois pyroélectrique, ce qui signifie qu'elle peut retenir une charge électrique, et piézoélectrique, c'est-à-dire qu'elle génère une charge électrique. (Détail amusant : cette découverte a été faite par les frères Pierre et Jacques Curie ; Pierre était le mari de la fameuse scientifique Marie Curie.) Elle est aussi faiblement conductrice. La tourmaline noire travaille donc avec l'énergie.

Nos lointains ancêtres le savaient. Cette pierre était traditionnellement utilisée pour repousser les forces indésirables et protéger contre les attaques psychiques, en attirant et neutralisant l'énergie négative.

La science moderne fait constamment des découvertes concernant la matière ; il reste tant à apprendre.

Vous faites-vous suffisamment confiance pour croire quelque chose – même si cela semble bizarre ou naïf – qui n'a pas été testé et prouvé par la science ?

Visualisez le futur

OPALE NOBLE

Échelle de Mohs : 5,5 – 6,5

Les oracles avaient-ils toujours raison ? Non. Le temps est mouvant, l'opale le sait, voilà pourquoi la prophétie est un travail assez risqué. Mais quand la pythie de Delphes portait des opales, celles-ci aiguisaient son aptitude à lire dans les eaux tourbillonnantes de l'avenir. À la différence de la plupart des pierres, l'opale sait comment travailler avec l'eau et la retenir. Elle sent de quelle manière les flots du temps peuvent être canalisés ou contenus, créant des réalités différentes et des visions nouvelles. Puisque le futur n'est pas figé, en imaginant les voies à prendre, vous préparez ce qui va arriver. « Choisissez votre route et imaginez votre cheminement », conseille l'opale. « C'est ainsi que le futur émerge des eaux du temps. »

Rituel

VISUALISEZ VOTRE AVENIR

Nous échafaudons souvent des projets d'avenir, mais la vraie magie consiste à prendre le temps d'utiliser tous nos sens pour visualiser et incarner ce que nous désirons voir advenir.

- Identifiez ce que vous souhaitez faire avancer dans votre existence. Cela peut être votre carrière, votre vie amoureuse ou votre vie familiale, ou encore un voyage que vous projetez ou une création.
- Prenez quelques minutes pour faire le calme en vous. Au lieu de listes et de programmes, visualisez votre futur. Voyez-le en esprit. Parcourez une journée de cet avenir en observant chaque détail.
- Maintenant, ajoutez des textures, des odeurs et des sons à cette vision. Plus elle vous paraîtra réelle, plus elle aura de chances d'exister.

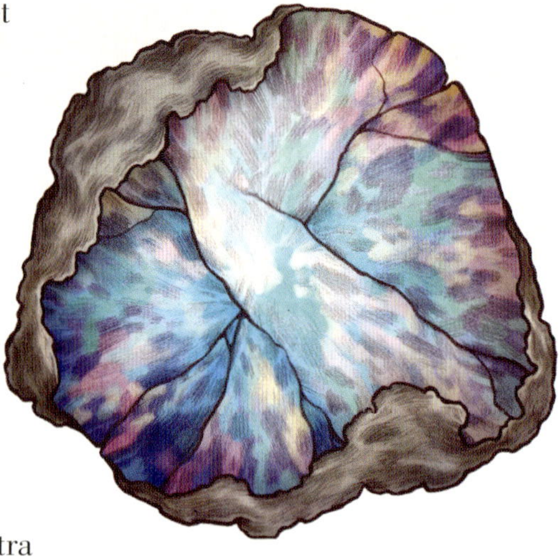

Réflexion

LA FLUIDITÉ DU DEVENIR

La plupart des opales ne sont pas vraiment des cristaux. Les cristaux ont une structure atomique régulière, alors que la majorité des opales sont amorphes, leur système interne n'est pas ordonné. L'opale noble est l'exception, sa structure est stable.

Mais l'opale noble n'a pas oublié la liberté venant de l'absence de structure. Elle sait que la fluidité permet aussi de s'extraire de la routine du quotidien pour explorer d'autres manières d'être, des futurs alternatifs et de nouvelles possibilités.

« *Un rythme devient une habitude quand on ne perçoit plus sa musique.* »

Sharon Weil, *Change Ability : How Artists, Activists, and Awakeners Navigate Change*

Vous autorisez-vous à briser les routines quotidiennes ?

Comment vous sentez-vous quand vous le faites ?

Laissez-vous aller

QUARTZ FUMÉ

Échelle de Mohs : 7

« Je suis le sol sous vos pieds », chuchote le quartz fumé. « Je suis le creux dans la terre et un berceau où se lover. Je calme le bruit et soulage la douleur. Je suis la grand-mère qui vous berce pour vous endormir et adoucir vos rêves. Je suis les fondations sur lesquelles poser les premières pierres. Je suis le lieu où vous allez quand tous les autres sont hostiles et sauvages, et que vous ne reconnaissez plus votre monde. Je suis vraie. Je suis la terre. Je suis solide. Je suis stable. Je suis la maison. Tout va bien. Vous pouvez vous laisser aller maintenant. » Le quartz fumé est un câlin et une tasse de thé, un endroit où s'abandonner pour se ressaisir et affronter le monde.

Rituel

ÉVACUER

Le quartz fumé sait que, pour garder votre force et votre intégrité, vous avez besoin d'un lieu tranquille où vous abandonner. Vous ne surmonterez pas vos peines en les ignorant, mais en les ressentant, en les affrontant et en les laissant partir.

- Le soir, trouvez un endroit calme où évacuer tout ce que vous avez réprimé dans la journée. Même ce qui semble dérisoire – exaspération derrière quelqu'un qui met une heure à faire l'appoint au marché ou colère contre un chauffard qui vous a coupé la route en rentrant chez vous. Vous n'avez pas à juger vos émotions. Écrivez ce que vous avez ressenti.
- Quand tout est noté, choisissez le moyen pour vous en débarrasser. Vous pouvez brûler ou enterrer le papier, ou vous secouer vigoureusement (comme un chien mouillé) en visualisant ce qui tombe. C'est une fabuleuse manière d'évacuer les contrariétés de la journée et de se préparer à un bon sommeil.

Réflexion

EN LIEU SÛR

Dans votre vie, il faut que vous ayez un lieu où vous réfugier afin de décompresser et de pouvoir sortir du mode combattre ou fuir engendré par la vie moderne. Existe-t-il un espace où vous vous sentez libre d'exprimer votre vulnérabilité ? Cela peut être un lieu calme, une personne attentionnée ou une chanson qui vous touche et vous fait craquer. Revenez-vous régulièrement vers cet espace pour y déposer les fardeaux de la journée ?

« La vulnérabilité est le berceau de l'amour, de l'appartenance, de la joie, du courage, de l'empathie et de la créativité. C'est la source de l'espoir, de la bienveillance, du sens du devoir et de l'authenticité. Si nous voulons plus de clarté dans nos aspirations ou une vie spirituelle plus profonde et plus authentique, la vulnérabilité est la voie. »

Brené Brown, *Daring Greatly*

Est-ce à moi?

FLUORITE VERTE

Échelle de Mohs : 4

Quand une émotion vous submerge, la fluorite veut que vous vous demandiez : « Est-ce à moi ? » Quand vous vous sentez malade ou que vous souffrez, elle vous donne le même conseil. Calmez-vous et demandez-vous : « Est-ce à moi ? » Nous tirons tous notre énergie du monde qui nous entoure ; c'est le prix pour en faire partie. Nos antennes invisibles sont toujours sorties, tâtant et sondant. Les frontières du moi peuvent se brouiller à force d'absorber aliments, émotions, toxines, microbes, lumière du soleil (toutes sortes de choses !) venant du dehors. La fluorite verte vous invite à surveiller ce qui entre, à voir ce qui vous sert et à laisser le reste.

Rituel

VOUS ET PAS VOUS

Quand vous n'arrivez pas à trouver la cause d'une douleur ou d'une émotion, la fluorite verte vous conseille de faire ce rituel des plus simples.

- Chaque fois que vous ressentez quelque chose d'inhabituel, sur le plan physique ou émotionnel, faites une pause, calmez-vous et demandez-vous : « Est-ce à moi ? » Si ce n'est pas à vous, imaginez que vous détachez cette chose de votre être et la renvoyez d'où elle vient.

- Les personnes empathiques (c'est-à-dire la plupart d'entre nous) absorbent sans le vouloir la douleur ou les émotions des autres. Une fois que nous les avons resenties, nous commençons à penser qu'elles sont à nous. Voyez si vous vous croyez obligé de vous y cramponner !

Réflexion

POUVEZ-VOUS LÂCHER PRISE ?

Il y a, dans la nature humaine, un désir d'accumuler. Peut-être par besoin de faire des provisions pour l'hiver ou de retenir une émotion qu'on craint de ne plus jamais éprouver.

Qu'accumulez-vous ? À quoi vous accrochez-vous ? Est-ce que cela vous sert ? Est-ce que vous êtes plus heureux ou rassuré ? Plus stable ou serein ? Et si vous lâchiez prise ? Comment vous sentiriez-vous sans toutes ces choses ? La fluorite vous rappelle de vous demander :

Est-ce vraiment à moi ?

« Je me suis rendu compte que j'étais fatigué de vouloir des choses [...]. Je préférais rester dans la rivière avec de l'eau jusqu'à la taille et laisser le flot s'écouler autour de moi. J'aime sentir le courant. Il est puissant. Mais je n'essaie plus de l'arrêter ; je n'essaie pas de retenir les choses qui passent près de moi. »

Robert Hellenga, *The Sixteen Pleasures*

Tranchez dans le vif

OBSIDIENNE

Échelle de Mohs : 5 – 5,5

Soyons clair : l'obsidienne n'est pas une douce amie. Précise, oui, impérieuse, toujours. Plus rapide que le guépard bondissant sur la gazelle ? Absolument. Mais douce ? Ce n'est pas le genre de l'obsidienne. Miroir sans complaisance et scalpel affûté, l'obsidienne vous aide à repérer vos zones d'ombre et à les extraire. Pas d'interminables séances de thérapie, pas de longues semaines d'hésitation. « Quand il faut opérer », vous dit l'obsidienne, « inutile de traîner. » Et c'est en soi un soulagement. Si vous avez besoin de ce genre d'honnêteté qui éclaire vos recoins sombres, si vous êtes vraiment prêt à trancher dans le vif, si vous voulez que la délivrance soit rapide, faites appel à l'obsidienne.

Rituel

COUPER LES LIENS

Depuis l'âge de pierre, on utilise l'obsidienne pour son tranchant. Les chirurgiens se servent toujours de scalpels en obsidienne quand ils ont besoin d'une lame plus coupante que l'acier chirurgical.

Alors que nous quittons relations, travail ou maison, nous nous accrochons parfois à des aspects émotionnels ou spirituels de notre passé. L'obsidienne est l'alliée parfaite pour couper métaphoriquement le cordon.

- Commencez par fermer les yeux et cherchez en quel point de votre corps vous sentez encore une attache. Fiez-vous à votre première impression et ne réfléchissez pas trop. Vous saurez peut-être qui ou quoi ce lien représente, ou peut-être pas (et c'est bien aussi !).
- Si vous êtes prêt à trancher le lien, imaginez que votre main est une lame d'obsidienne et utilisez-la pour couper le cordon. C'est une opération émotionnelle ou spirituelle, alors laissez-vous le temps de cicatriser.

Réflexion

CHOC ET TRAUMATISME

L'obsidienne est formée de lave en fusion, vitrifiée par un refroidissement rapide, si rapide que les atomes n'ont pas eu le temps de se structurer (d'ailleurs, ce n'est pas vraiment un cristal). Comme l'obsidienne, le traumatisme d'une situation extrême peut nous pétrifier et nous laisser amorphes.

Nos pensées sont désordonnées, sur la défensive, nous devenons durs et coupants.

Quels événements de votre vie ont fissuré votre personnalité ?

Que se passe-t-il quand vous revisitez ces moments avec l'implacable honnêteté de l'obsidienne comme remède ?

Pour adoucir leur tranchant, travaillez avec des obsidiennes à reflets argent, or ou arc-en-ciel, qui comportent des bulles de gaz sous la surface, les rendant métaphoriquement moins dures. Faites appel à l'obsidienne flocon de neige quand vous souhaitez utiliser la respiration pour lâcher prise.

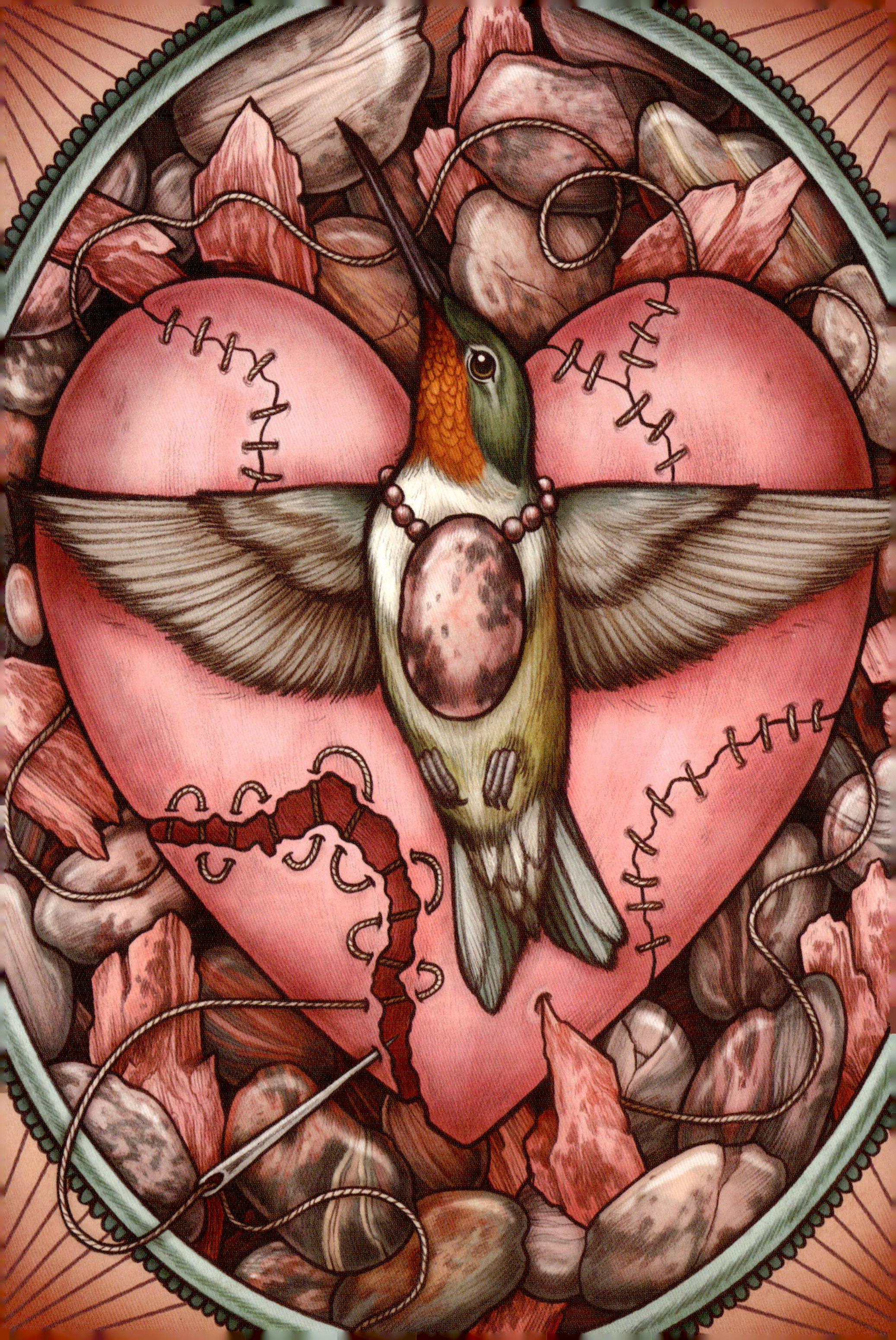

Soignez votre rythme cardiaque

RHODONITE

Échelle de Mohs : 5,5 – 6

Quand vous vous sentez calme et centré, votre cœur bat à un rythme régulier. L'écouter est apaisant. Mais quand vous êtes anxieux, surtout si vous l'êtes perpétuellement, votre cœur s'emballe, ce qui augmente encore malaise et angoisse. Ce n'est pas votre cœur le problème. Le problème est bien plus profond, enraciné dans la vulnérabilité qui cause l'anxiété. « Posez une main sur votre cœur », conseille la rhodonite. « Fermez les yeux et sentez ses battements. » Une fois que vous vous êtes synchronisé, demandez à votre cœur ce qui alimente son anxiété. Pour le soigner, vous devez d'abord savoir ce qui vous rend vulnérable. Il est temps de faire ce premier pas.

Rituel

COLMATEZ LES FUITES

On emploie la rhodonite pour soigner les blessures, qu'elles soient physiques ou émotionnelles. Elle referme les entailles et colmate les fuites pour que vous gardiez votre intégrité. Votre énergie corporelle peut fuir quand l'enveloppe est fine ou déchirée. Ces trous vous rendent vulnérable aux influences extérieures. Votre énergie est lentement siphonnée, vous vous sentez alors vidé, épuisé ou vous paniquez. Vous pouvez empêcher les fuites grâce à la visualisation active.

- Imaginez d'abord votre outil : allez-vous repriser avec du fil et une aiguille ? Recoller avec du ruban adhésif ? Vous n'avez pas besoin de faire joli ou élégant, il faut juste que cela vous paraisse réel.
- Maintenant, fermez les yeux et imaginez que vous savez par où l'énergie fuit. Refermez chaque blessure, une par une, en faisant appel à la lumière rose de la rhodonite pour vous aider à guérir.

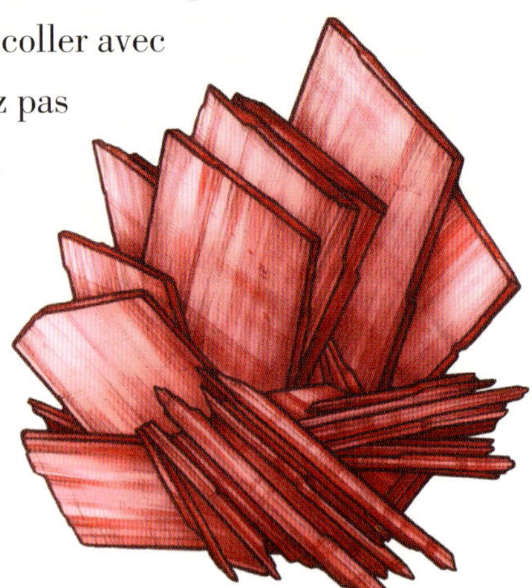

Réflexion

SOIN DU CŒUR

Certaines émotions sont douces comme des cailloux polis par le courant et chaudes comme les pierres d'un foyer. Nous les chérissons et nous tournons vers elles pour nous rappeller la bonté du monde et la joie d'être en vie.

Mais d'autres émotions sont brutales, elles nous troublent jusqu'à ce que nous nous en libérions consciemment. La colère et le ressentiment sont de celles-là, les nourrir engendre blessures et pertes d'énergie. Même si elles ont été causées par quelqu'un, en vous y cramponnant, vous vous faites du mal et blessez votre propre cœur. Si vous devez couper un lien vous rattachant à une personne ou un événement de votre passé, voyez le rituel pour l'obsidienne page 152.

« Pour moi, chanter des chansons tristes m'aide souvent à soigner une situation. C'est un moyen de faire sortir la blessure de l'ombre pour l'exposer à la lumière. »

Reba McEntire

Quelles anciennes blessures suppurent ?

Quelles cicatrices demandent des soins ?

Quelles craintes ou rancunes vous empoisonnent de l'intérieur ?

Le seul soutien

QUARTZ CLAIR

Échelle de Mohs : 7

Autrefois, en Asie, on déposait du quartz clair devant les temples pour qu'il absorbe l'énergie des prières des moines. Un œuf prêt d'éclore, un chant attendant d'être chanté… le quartz clair est un potentiel devenir. Les anciens guérisseurs le savaient. On prétend qu'ils se servaient de ce cristal comme baguette pour amplifier et diriger l'énergie qu'ils généraient en eux. « Et si vous n'aviez pas besoin d'outils sacrés ? » demande le quartz clair. « Et s'il vous suffisait d'apprendre à faire grandir une intention, à la diriger avec votre volonté et à amplifier ses effets ? » Que pourriez-vous créer ? Quels problèmes pourriez-vous résoudre ? Qu'abandonneriez-vous avec le seul soutien du quartz clair ?

Rituel

NEUTRALISER LA SURCHARGE

Si vous vous sentez envahi par l'énergie d'autres personnes, le quartz clair peut vous aider à vous en débarrasser.

- Choisissez un petit quartz clair à mettre dans votre poche ou à porter en pendentif.
- Le matin, émettez l'intention d'envoyer l'excès d'énergie de la journée dans votre cristal.
- Chaque soir, réinitialisez le cristal en le déposant sur un lit de sel toute la nuit (du sel en poudre, pas d'eau salée).

C'est comme rétablir la configuration d'usine sur votre ordinateur : vous pouvez effacer bugs et défaillances, mais perdre aussi des choses que vous aviez intentionnellement ajoutées. Réservez un cristal à ce rituel, parce qu'il aura fort à faire en fin de journée.

Tous les cristaux ne supportent pas le sel. Si vous utilisez cette méthode pour une autre pierre, voyez d'abord si cela lui convient.

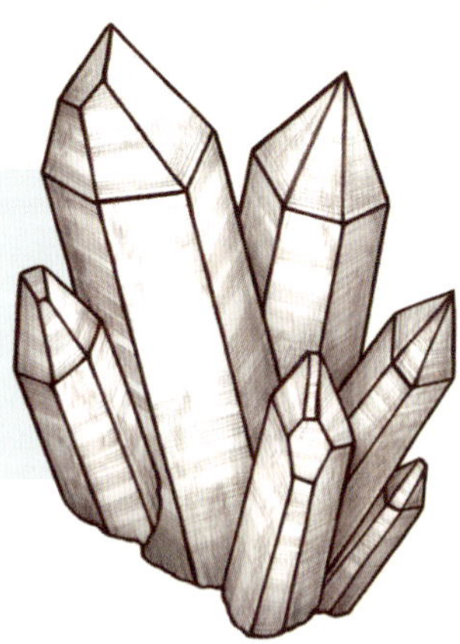

Réflexion

QUE RÉINITIALISER ?

Quand vous trouvez un morceau de quartz clair dans la terre, il est propre, vide et neutre. Il est riche de son devenir. Rétablir grâce à lui des espaces, des objets ou des comportements dans leur état originel ouvre de nouvelles perspectives.

Dans votre vie, qu'est-ce qui a besoin d'être reprogrammé ? Peut-être un lieu réel, comme un bureau ou un autel. Peut-être une croyance ou une conviction. Si vous pouviez rétablir un aspect de votre vie comme à l'origine, qu'est-ce que ce serait ?

« Comprenez que le droit de choisir votre propre voie est un privilège sacré. Utilisez-le. Vivez le possible. »

Oprah Winfrey

Quelles options supplémentaires, quelles nouvelles perspectives cette remise à zéro vous offrirait-elle ?

Comment travailler avec les cartes des cristaux

Quand vous découvrez les cartes pour la première fois, prenez le temps de faire connaissance. En regardant les images, laissez vos yeux et votre esprit vagabonder.

Si vous avez l'habitude de la fumigation, utilisez de la sauge, du palo santo ou du cèdre afin de nettoyer vos cartes et d'établir une intention pour leur futur usage. C'est le début d'une relation, ouvrez votre cœur et présentez-vous.

Les cartes des cristaux parlent de valeurs profondes, de la vérité de l'âme et de traumatismes. Elles vous aident à savoir qui vous avez été et qui vous voulez devenir.

En lisant les fiches des cristaux, vous aurez remarqué que chaque pierre a un spectre d'énergie. L'hématite, par exemple, vous parle d'être ancré. Que vous vous sentiez ou non enraciné dans votre vie quotidienne, tirer la carte de l'hématite signifie que vous devez vous concentrer sur cet aspect de vous-même pour vous situer sur un spectre allant d'ancrage à instabilité.

> *« Il est parfois nécessaire d'accueillir la magie pour découvrir ce qu'il y a de vrai dans notre vie et notre cœur. »*
>
> Sarah Addison Allen, *First Frost*

TIRAGE À UNE CARTE

Le plus simple pour utiliser ce jeu est de vous concentrer sur un sujet ou un problème vous concernant et de garder cette pensée en battant les cartes. Quand vous vous sentez prêt, tirez-en une. Certains conseillent de prendre la carte sur le dessus du paquet, je pense qu'il est tout aussi possible d'en tirer une au hasard dans un éventail.

Vous pouvez aussi brouiller votre vue pour étudier les images et choisir le cristal qui vous attire intuitivement.

Tirer une carte ouvre la porte au monde des significations et symboles. Cela vous permet d'aborder ou de considérer autrement des aspects de votre personnalité et des événements de votre vie. Les cartes vous éclairent, elles vous laissent libre de vos choix ou de changer de voie, elles ne prophétisent pas en vous déniant la capacité de créer votre avenir. Rappelez-vous, ce jeu de cartes est un simple outil. Votre instinct est juste, alors laissez jouer votre intuition !

DEUX CARTES : LE CROISEMENT

Une autre façon d'aborder les cartes consiste à en tirer une qui vous représente et une seconde pour voir ce qui fait obstacle.

La carte qui croise la vôtre vous révèle d'éventuels blocages ou vous éclaire sur une situation que vous comprenez mal. Elle peut aussi indiquer que certaines de vos idées sont fausses ou qu'il faut modifier l'histoire que vous vous racontez.

TROIS CARTES : APPROFONDISSEMENT

Certaines pierres proviennent du noyau de la terre, situé sous la croûte et le manteau. Utilisez cette métaphore pour creuser profondément une situation ou une question qui vous préoccupe.

La première carte que vous tirez montre l'aspect extérieur de la situation. Il peut s'agir de quelque chose que vous savez déjà et dont vous tenez compte ou de problèmes qui se révèlent après un temps de réflexion.

La deuxième vous entraîne un peu plus profond, en vous dévoilant les causes et les effets. À ce niveau, vous prenez conscience de l'impact émotionnel de la situation.

La troisième et dernière carte découvre le cœur du problème, les vérités qui doivent apparaître pour que la situation puisse se débloquer ou se régler. Il s'agit souvent de vérités dont vous n'êtes pas encore vraiment conscient.

Souvenez-vous, chaque tirage reflète ce que vous devez savoir à un instant T. Le changement est permanent : aucune lecture n'a vocation à durer. Utilisez vos cartes pour dialoguer et approfondir votre relation à vous-même et au monde qui vous entoure.

SOURCES ET RESSOURCES

Ma première source fut, encore et toujours, les pierres. Asseyez-vous tranquillement avec elles et observez ce que vous sentez ou ce qui traverse votre esprit.

Comme j'adore le folklore et l'histoire, j'ai passé des heures à explorer Internet pour découvrir des légendes concernant les pierres. Le site du Hudson Institute of Mineralogy (mindat.org) est fabuleux, tout comme celui de l'International Gem Society (gemsociety.org) qui a comblé ma soif de connaissances et d'histoires.

Les rencontres se sont aussi révélées d'excellentes sources d'information, à la fois sur les salons de gemmes et minéraux, et avec des enseignants en médecine chinoise traditionnelle ou taoïste. Si vous en avez l'occasion, suivez un cours (en présentiel ou en ligne) avec Jeffrey Yuen, un maître taoïste, ou Sarah Thomas, son étudiante de longue date, qui réussit brillamment à transmettre ce savoir immémorial dans le monde d'aujourd'hui. Leslie Franks, autre étudiante, a écrit un livre appelé *Stone Medicine* et le Dr Jerry Alan Johnson, prêtre taoïste, a publié plusieurs livres intéressants.

J'ai, sur mon bureau, deux autres ouvrages utiles : un volume intitulé *Love Is in the Earth: A Kaleidoscope of Crystals* de Melody et *Crystal Power, Crystal Healing* de Michael Gienger. Et enfin, j'ai beaucoup aimé les guides DK Eyewitness, dont j'ai d'ailleurs envoyé à Kate quelques titres sur les minéraux pour l'ambiance de ses illustrations !

Remerciements

Vous aurez peut-être remarqué, cher lecteur, que les livres de cette collection se suivent à intervalles rapprochés. Récemment, alors que nous nous promenions, Andrew et moi, j'ai dit : « Comment écrire du nouveau pour les remerciements ? » Mais j'avais à peine prononcé ces mots que je comprenais que quelque chose d'énorme et miraculeux était arrivé : vous. Ces livres n'auraient pas pu exister sans vous. Quand j'ai commencé à écrire, il était impossible de savoir comment cette collection serait reçue. La réponse a été sidérante. Alors, qui que vous soyez et où que vous soyez, je vous remercie du fond de mon cœur incrusté de grenat et de morganite. Écrire ces livres a été le genre d'aventure folle qu'on rêve tous de vivre, et je me réveille encore en me disant : « Attends ! Moi ? »

Maintenant, une tonne de gratitude, Kate, pour tes illustrations ! Merci d'avoir mis tant d'énergie et d'amour dans chaque image. Ça a été incroyable de travailler sur plusieurs livres avec la même équipe chez Storey : je vous ai tous tellement appréciés. Je vois de plus en plus cette série comme une création à plusieurs personnes, chacune ayant participé à sa venue au monde. Un grand merci à Deborah, Liz, Jessica, Alee et à tous ceux qui œuvrent en coulisses.

Toute ma gratitude à mon agent, Laura Lee Mattingly, à Present Perfect Dept. J'ai des projets… je suis sûre que vous n'êtes pas surprise !

Ma transformation en auteure a été rendue possible grâce à l'inimitable Shannon Thayer, qui veille absolument à tout (il n'y a pas eu assez de remerciements, alors je continue d'en distribuer).

Sarah Thomas, Caroline Padgett et les « pierristes » : vos délires sur des cailloux, vos incroyables connaissances, les blagues de Sarah et les délicieuses méditations guidées de Caroline m'ont comblée pendant deux week-ends.

Stephanie, d'Hibiscus Moon Crystal Academy, merci pour votre intervention et pour m'avoir initiée à la science – j'en avais besoin (et le livre aussi !).

Un autre livre, et je n'ai toujours pas succombé au syndrome du j'écris-un-bouquin-alors-je-n'ai-pas-besoin-de-me-doucher-ni-de-m'habiller. C'est bien grâce à Rebecca, Camille, Paige, Ash et Marianne. Comme vous m'avez vue à tour de rôle pendant cinq semaines, vous n'avez peut-être pas réalisé ce que ces déjeuners représentaient pour moi, mais croyez-moi, ils m'ont évité de devenir folle.

Et toujours, toujours merci à Andrew pour tout ce qu'il fait au quotidien pour m'aider à être moi en mieux. Mille baisers.

Autres ouvrages

DANS LA MÊME COLLECTION

MAIA TOLL

La légende familiale insiste sur le fait que « dada » a été le premier mot sorti de la bouche de Maia. C'est une bonne histoire et un fabuleux début pour une vie centrée sur la connexion à l'esprit et à l'énergie du monde naturel. Maia s'est formée auprès d'une guérisseuse en Irlande, a appris l'art de soigner en s'occupant d'animaux dans une ferme biologique. Elle a enseigné la phytothérapie dans des universités, des hôpitaux et même dans la jungle péruvienne. En 2005, elle a ouvert une petite herboristerie à Philadelphie, qui s'est depuis transformée en Herbiary, une chaîne de magasins de bien-être et santé au naturel présente dans de nombreuses villes, qu'elle dirige avec son mari Andrew. Ses deux premiers livres, *L'Herbier du chaman* et *Le Bestiaire du chaman*, ont été publiés en français en 2020. Quand elle ne lit pas de manière obsessionnelle, elle parle aux pierres et boit de généreuses quantités de thé. Maia enseigne et tient un blog pour un public international (maiatoll.com), où elle aide les femmes à cultiver sens de connexion profonde, force spirituelle et connaissance intérieure.